Com   i

Young Seaon Park

Commercio internazionale di beni culturali

Uno studio empirico sull'onda coreana

ScienciaScripts

Cover image: www.ingimage.com

This book is a translation from the original published under ISBN 978-3-659-85136-0.

Publisher:
Sciencia Scripts
is a trademark of
Dodo Books Indian Ocean Ltd. and OmniScriptum S.R.L publishing group

120 High Road, East Finchley, London, N2 9ED, United Kingdom
Str. Armeneasca 28/1, office 1, Chisinau MD-2012, Republic of Moldova, Europe

ISBN: 978-620-3-61019-2

Contenuti

1

I. Introduzione

1. Il contesto e l'importanza dei problemi

All'epoca in cui questo lavoro è stato concepito, la maggior parte dei Paesi asiatici stava riconoscendo l'impatto significativo delle influenze culturali coreane, manifestate dai popolari drammi televisivi, dai film e dalle canzoni di successo coreane. Il fenomeno è stato chiamato "Onda coreana" dai media e dalla popolazione in generale. L'improvvisa ascesa dell'Onda coreana ha cambiato l'immagine della Corea tra i Paesi asiatici e la Corea ne ha tratto enormi benefici sotto forma di esportazione di un grande volume di beni culturali, di attrazione di un maggior numero di turisti e di vendita di prodotti di bellezza e di consumo ai Paesi vicini.

Solo sei decenni fa, dopo 35 anni di colonizzazione giapponese e la conseguente guerra di Corea, la Corea era uno dei Paesi più poveri del mondo. Tuttavia, grazie alle accorte politiche governative di sviluppo economico e ai duri sforzi del suo popolo, la Corea è oggi una delle potenze economiche del mondo. Uno dei fattori che hanno contribuito allo sviluppo economico della Corea sono state le politiche di promozione delle esportazioni. Dopo essersi affermate con successo sul mercato nazionale grazie al sostegno finanziario del governo e alle tecnologie prese in prestito dall'estero, alcune aziende coreane come Hyundai Motors, Samsung Electronics, LG Electronics e POSCO hanno iniziato a vendere i loro prodotti all'estero.

Mentre la Corea era impegnata a vendere manufatti all'estero, i coreani non hanno mai pensato che anche i loro contenuti culturali, come le soap opera e le canzoni, potessero essere venduti bene all'estero. Tuttavia, al volgere del 21st secolo, paesi vicini come il Giappone, la Cina e Taiwan hanno iniziato a trasmettere drammi coreani e l'"onda coreana" si è diffusa. Oggi molti artisti coreani sono diventati dei nomi famosi all'estero. Ad esempio, dopo la messa in onda nel 2002 in Giappone del popolarissimo dramma televisivo "Winter Sonata", l'attore protagonista, Bae Yong-Joon, ha guadagnato un'enorme base di fan in Giappone, che lo chiamano con un soprannome onorifico "Yon-sama", che significa "Imperatore Yon". Più recentemente, il video musicale virale "Gangnam Style" caricato su YouTube nel 2012 ha dato al cantante PSY fama e riconoscimento internazionali. Anche l'industria alimentare coreana beneficia dell'onda coreana. Ad esempio, dopo il grande successo del dramma televisivo "Jewel in the Palace (Tae jang gum)", che tratta di cibo tradizionale coreano e di trattamenti medici, un numero maggiore di stranieri ha cercato di assaggiare il cibo coreano.

Questi impressionanti successi dei drammi televisivi e della musica coreana in Asia orientale e, in una certa misura, in tutto il mondo, hanno portato l'attenzione dell'autore non solo su questo particolare fenomeno, ma anche sul commercio di prodotti culturali in generale.

La maggior parte delle teorie tradizionali sul commercio e le loro applicazioni si sono concentrate sul commercio di beni manufatti e hanno prestato poca attenzione al commercio di beni immateriali. La parte difficile della ricerca sul commercio dei beni culturali è la difficoltà di acquisire dati completi e pertinenti, adatti agli scopi dello studio. Poiché il termine "immateriale" implica che gli uffici doganali di ogni Paese non possono misurare correttamente il volume dei beni culturali che attraversano i loro confini. Nonostante tali ostacoli, il presente lavoro cerca di affrontare diverse questioni importanti sul commercio dei beni culturali utilizzando dati autentici.

2. Ambito dello studio

Nell'affrontare le questioni importanti dell'argomento, lo studio cerca di utilizzare i dati più recenti disponibili per le analisi quantitative. Il primo articolo utilizza i dati del panel delle esportazioni coreane di contenuti radiotelevisivi nel periodo 2001-2011, il secondo articolo esamina l'indice delle query di Google trends nel periodo 2005-2013 e il terzo articolo esamina i dati dei turisti coreani in uscita forniti dalla Korea Tourism Organization, che comprendono 53 Paesi di destinazione nel periodo 2004-2013.

Questo lavoro esamina le questioni dal punto di vista dell'offerta coreana, piuttosto che dell'intera gamma di Paesi. Le ragioni per cui è stato adottato questo approccio sono molteplici. In primo luogo, l'ondata coreana è per molti versi un fenomeno unico e sembra opportuno affrontare la questione come un caso di studio e scoprire le possibilità di applicazione generale ad altri Paesi. In secondo luogo, poiché ogni Paese ha, se esiste, un modo diverso di accumulare e pubblicare i dati sul commercio culturale, la limitatezza dei dati costringe l'autore a restringere il campo d'azione alla Corea. Infine, dopo la nascita dell'ondata coreana, sia le istituzioni governative coreane sia le industrie private hanno iniziato a mostrare un interesse particolare per gli studi associati al commercio culturale.

3. Metodologia dello studio

Per le analisi quantitative del commercio di beni culturali, gli articoli del libro adottano i modelli di gravità aumentata. Il modello di gravità è stato comunemente utilizzato nelle analisi empiriche del commercio internazionale perché è facile da implementare e ha prodotto risultati solidi in economia (Leamer e Levinsohn 1995, Head e Mayer 2014).

Il modello di gravità tradizionale adottava il concetto della Legge di Gravitazione di Newton. La forza gravitazionale tra due oggetti è proporzionale alla dimensione della massa di ciascun oggetto e inversamente proporzionale al quadrato della distanza tra loro. Tinbergen (1962) è stato il primo economista a utilizzare la gravità per spiegare i flussi commerciali internazionali. Il primo modo intuitivo di comprendere i flussi commerciali è espresso come segue:

$$\log X_{ij} = c + b_1 \log GDP_i + b_2 \log GDP_j + b_3 \log \tau_{ij} + e_{ij}$$

$$\log \tau_{ij} = \log\left(distance_{ij}\right)$$

Dove X_{ij} indica le esportazioni dal Paese i al Paese j, il PIL è la produzione interna lorda di ciascun Paese, τ_{ij} è il costo del commercio tra i due Paesi rappresentato dalla distanza geografica, e_{ij} è un termine di errore. Ricerche successive hanno migliorato l'adattamento della teoria tradizionale includendo proxy di attrito commerciale come la lingua comune, il confine comune, l'esperienza coloniale e la religione.

Il problema del modello di gravità tradizionale è che non spiega le influenze dei Paesi terzi sul commercio bilaterale. Nel loro saggio fondamentale "Gravity with Gravitas", Anderson e van Wincoop (2003) hanno messo in discussione il modello di gravità tradizionale introducendo il concetto di resistenza multilaterale.

Per costruire il modello, hanno ipotizzato che, dal lato dei consumi, i consumatori abbiano preferenze di "amore per la varietà" e che, dal lato dell'offerta, ogni impresa produca beni differenziati con rendimenti di scala crescenti.

L'equazione di gravità derivata da Anderson e van Wincoop (2003) è la seguente:

$$x_{ij} = \frac{y_i y_j}{y_w} \left(\frac{\tau_{ij}}{\Pi_i P_j} \right)^{1-\sigma}$$

dove x_{ij} indica le esportazioni dal Paese i al *Paese j*, y_i e y_j sono i PIL di ciascun Paese, y_w è il PIL mondiale, τ_{ij} è il costo lordo del commercio bilaterale, $\sigma > 1$ è l'elasticità di sostituzione e Π_i e P_j rappresentano rispettivamente le variabili di resistenza multilaterale del Paese i verso l'esterno e del Paese j verso l'interno.

Come mostrato da Shepherd (2014), prendendo i logaritmi di tutte le variabili, l'equazione di cui sopra può essere trasformata come segue:

$$\log X_{ij} = C + F_i + F_j + (1 - \sigma)[\log \tau_{ij}]$$
$$C = -\log Y$$
$$F_i = \log Y_i - \log \Pi_i$$
$$F_j = \log Y_j - \log P_j$$
$$\log \tau_{ij} = \log Dist_{ij}$$

Il primo termine, C, è uguale al PIL mondiale, ma ai fini della stima può essere un coefficiente perché è costante per tutti gli esportatori e gli importatori. Il termine successivo, F_i , indica un insieme completo di PIL e resistenza all'esportazione dell'esportatore. Seguendo lo stesso approccio, F_j è un insieme completo di PIL e resistenza verso l'interno dell'importatore. $log\tau_{ij}$ è la somma delle variabili di costo, come la distanza tra il Paese i e il Paese j.

Il problema è come misurare le variabili di resistenza multilaterale. Anderson e van Wincoop (2003) hanno proposto un sistema complicato che deve essere programmato su misura per incorporare i costi di trasporto che, a loro volta, sono ottenuti dal valore stimato della distanza e da altri effetti di confine. Poiché la strategia di stima di Anderson e van Wincoop richiede una programmazione personalizzata per eseguire la minimizzazione vincolata, l'approccio alternativo, a effetti fissi, è diventato un metodo di stima popolare (Feenstra 2004).

Sebbene Anderson e van Wincoop (2003) si siano distinti, esistono altri modelli teoricamente fondati. Ad esempio, Helpman et al. (2008) sviluppano un'equazione di

5

tipo gravitazionale basata su un modello di commercio che presuppone una produttività eterogenea delle imprese.

Per quanto riguarda la stima dell'equazione di gravità, l'OLS con effetti fissi è coerente con la teoria. Tuttavia, se esiste una correlazione tra una variabile e il termine di errore, la prima ipotesi OLS viene violata. L'econometria offre una tecnica semplice per affrontare questi problemi di endogeneità. Una variabile strumentale che sia correlata con la variabile potenzialmente endogena ma non con il commercio può essere utilizzata per risolvere il problema e una delle tecniche più semplici è quella dei minimi quadrati a due stadi (TSLS), che consiste nell'eseguire l'OLS due volte.

Recentemente sono stati individuati e utilizzati frequentemente alcuni stimatori alternativi del modello di gravità. Lo stimatore Poisson pseudo maximum likelihood (PPML) di Santos Silva e Tenreyro (2006) presenta un modo semplice di affrontare il problema dell'eteroscedasticità. Il PPML ha anche alcune proprietà auspicabili. In primo luogo, in presenza di effetti fissi, il PPML è coerente. In secondo luogo, include le osservazioni di valore commerciale pari a zero. In terzo luogo, segue lo stesso schema dell'OLS e l'interpretazione dei coefficienti è semplice.

Lo stimatore di selezione campionaria di Heckman è un altro stimatore che si occupa in particolare di dati commerciali nulli. Gli studi più recenti sul commercio internazionale prendono in seria considerazione i dati relativi agli scambi nulli, perché senza un trattamento appropriato di questo aspetto si potrebbe verificare un bias di selezione del campione. Considerando l'eterogeneità delle imprese, Helpman et al. (2008) hanno sviluppato un modello di commercio internazionale che produce un'equazione di gravità con una correzione di Heckman (Heckman 1979).

4. Struttura e pubblicazioni

Il primo articolo affronta le determinanti della "Korea Wave", ovvero i principali fattori che contribuiscono alla popolarità dei beni culturali coreani in Asia. Nella parte empirica, applica il modello di gravità all'esportazione coreana di contenuti radiotelevisivi nei Paesi asiatici. Le conclusioni tratte dal modello e dall'analisi empirica possono ampliare la comprensione dell'onda coreana dal punto di vista dello sviluppo economico e della vicinanza culturale.

Il secondo articolo si occupa dell'effetto di creazione del commercio dell'"Onda coreana", con particolare attenzione all'esportazione di cosmetici coreani. Invece di utilizzare i dati UN COMTRADE come altre ricerche su studi simili, questo articolo ha utilizzato l'indice delle query di Google Trends con la parola chiave "dramma coreano" come variabile proxy per il commercio culturale. Con l'aumento dell'uso di Internet in tutto il mondo, l'utilizzo delle impronte accumulate dagli utenti nel cyberspazio ha acquisito una notevole attenzione negli ultimi tempi e anche gli studi accademici possono trarre vantaggio da questi "Big Data".

Mentre i due articoli precedenti si occupavano del commercio di beni culturali nel contesto dell'"Onda coreana", il terzo articolo estende il campo di applicazione all'industria del turismo. L'analisi dei dati adotta diversi nuovi approcci per far luce sugli aspetti multidimensionali dei turisti coreani. In primo luogo, la variabile relativa ai Paesi di destinazione è stata suddivisa in due gruppi, OCSE e altri Paesi.

In secondo luogo, si confrontano periodi recenti e vecchi per vedere se il fattore distanza scompare con il passare del tempo nell'industria del turismo. In terzo luogo, vengono affrontati i problemi di selezione dei dati con l'utilizzo del modello di Heckman.

I tre capitoli che compaiono in questo lavoro sono stati pubblicati in riviste o presentati in conferenze internazionali.

Il primo articolo, "Trade in Cultural Goods: A Case of the Korean Wave in Asia" è stato pubblicato sul "Journal of East Asian Economic Integration".

Il secondo articolo, "Does the Rise of the Korean Wave Lead to Cosmetics Export?", è stato presentato all'ICBE2015 - 2015 International Conference on Business and Economics, ricevendo il "Distinguished Research Award" dal presidente del comitato direttivo accademico ed è stato successivamente pubblicato sul "Journal of Asian Finance, Economics and Business".

Il terzo articolo, "Cultura, distanza e turismo: A Case of Korean Outbound Tourism" è stato presentato all'ICETD2015 - 2015 5th International Conference on Economics, Trade and Development, con il titolo "Determinants of Korean Outbound Tourism" e successivamente pubblicato su "Journal of Economics, Business and Management".

II. Il commercio di beni culturali: Il caso dell'onda coreana in Asia

Questa sezione studia gli effetti dello sviluppo economico e della prossimità culturale come determinanti comuni del commercio di beni culturali in un modello dinamico di selezione delle preferenze. Per l'analisi empirica, questo studio utilizza il quadro gravitazionale con effetti fissi dell'importatore e stimatori di Poisson a massima verosimiglianza. Lo studio applica il modello alle esportazioni coreane di contenuti radiotelevisivi verso i Paesi asiatici. Lo sviluppo economico relativo del Paese di esportazione e le dimensioni del mercato del Paese di importazione sono importanti determinanti del commercio culturale, i cui risultati sono generalmente coerenti con il commercio di beni tradizionali. Tuttavia, la variabile della distanza non mostra una grande significatività, riflettendo le caratteristiche uniche del commercio di beni culturali.

1. Introduzione

La cultura e le industrie culturali possono essere definite in molti modi. Secondo le informazioni contenute in Wikipedia su "Economia delle arti e della letteratura", la maggior parte delle opere d'arte culturali, come libri, registrazioni e film, sono riproducibili e sono caratterizzate da incertezza sul valore, infinita varietà, alta concentrazione di prodotti commerciali, breve ciclo di vita e alti costi fissi.

Le teorie tradizionali sul commercio internazionale si sono occupate principalmente del commercio di prodotti generici, ignorando le caratteristiche uniche dei prodotti culturali, come gli aspetti immateriali, i costi minimi di trasporto e la selezione delle preferenze. Solo recentemente alcuni economisti hanno iniziato a prestare attenzione al commercio di beni non tradizionali, in particolare al commercio di servizi.

Poiché il commercio di servizi e quello di beni culturali presentano in parte caratteristiche comuni, vale la pena di citare alcuni studi sul commercio di servizi. Grunfeld e Moxnes (2003) studiano le determinanti del commercio di servizi e delle vendite alle filiali estere utilizzando un modello di gravità e i dati dell'OCSE. I loro risultati hanno rilevato che lo schema generale degli effetti del modello di gravità si applica anche ai servizi. Le dimensioni economiche dei due Paesi sono correlate positivamente, mentre la distanza tra di essi è correlata negativamente.

Anche Kimura e Lee (2004) applicano il quadro di gravità standard al commercio di servizi. Essi hanno rilevato che, rispetto al commercio di beni, la distanza tra i Paesi è più importante nel commercio di servizi. Il confronto di Lejour e de Paiva Verheijden (2004) tra il commercio di beni e servizi tra Canada e UE mostra che la distanza è meno importante per i servizi rispetto ai beni.

Il numero di studi sul commercio culturale è molto ridotto e si è limitato agli aspetti teorici dell'identità culturale. Janeba (2004) studia gli effetti della liberalizzazione del commercio sull'identità culturale e dimostra che la diversità culturale nel mercato nazionale non è sempre vantaggiosa in caso di libero scambio.

Rauth e Trindate (2005) studiano l'aspetto del consumo del commercio utilizzando le esternalità di rete del consumo. Il concetto di esternalità di rete è nato nel settore informatico ed è stato ampiamente incorporato nella modellistica economica dopo il lavoro pionieristico di Kats e Shapiro (1985). Rauth e Trindate (2005) combinano il modello dell'effetto mercato domestico di Helpman e Krugman (1985) dal lato dell'offerta e le esternalità di rete del consumo dal lato della domanda per spiegare perché alcuni beni culturali dominano in altre culture. Un esempio interessante è lo stile di abbigliamento della regione tropicale. Grazie all'influenza culturale occidentale, vediamo milioni di uomini d'affari e impiegati tropicali che indossano la cravatta, nonostante le condizioni climatiche inadeguate.

Mentre le ricerche sopra citate si occupano esclusivamente di modellizzazione teorica, Felbermayr e Toubal (2010) si concentrano maggiormente sulla relazione empirica tra prossimità culturale e commercio internazionale. Nella loro ricerca, Felbermayr e Toubal utilizzano l'Eurovision Song Contest (ESC) come proxy dei legami culturali. L'Eurovision Song Contest (ESC) è un grande show televisivo paneuropeo, in cui ogni artista di un Paese partecipante si esibisce con una canzone. Gli altri Paesi valutano le canzoni e il vincitore viene selezionato di conseguenza. L'articolo suggerisce che i risultati dell'ESC riflettono in modo significativo quanto ogni Paese si senta vicino agli altri Paesi europei. Dopo aver impostato l'ESC come un legame culturale proxy, hanno scoperto che esiste effettivamente una relazione significativa tra i punteggi dell'ESC e il commercio internazionale. Sebbene la ricerca evidenzi l'importanza della vicinanza culturale nel commercio internazionale, non si occupa né del commercio di prodotti culturali né del cambiamento dinamico delle

9

preferenze.

Blum e Goldfarb (2005) analizzano i dati relativi alle attività su Internet dei consumatori statunitensi su siti non statunitensi. Dimostrano che il commercio di beni puramente digitali è significativamente ridotto dalla distanza fisica e che i costi commerciali non possono spiegare completamente gli effetti della distanza sul commercio. Seguendo gli studi di Rauch (1996, 1999), hanno anche scoperto che anche nel commercio di beni digitali la distanza è più importante per i prodotti differenziati che per quelli omogenei.

Disdier et al. (2010) analizzano le determinanti del commercio bilaterale di beni culturali. Utilizzando i dati COMTRADE delle Nazioni Unite, hanno riscontrato che la distanza, il confine comune, la lingua comune e i legami coloniali mostrano tutti una rilevanza statistica nel commercio culturale. Anche Disdier et al (2010) hanno utilizzato il commercio di beni culturali come indicatore della vicinanza culturale dei Paesi e hanno riscontrato un'influenza positiva e significativa dei flussi culturali sul commercio complessivo. Lo svantaggio della loro ricerca è che i dati UN COMTRADE utilizzati non tengono conto di gran parte del commercio di beni culturali a causa della natura intangibile dei beni culturali e quindi l'utilità del risultato è limitata.

La ricerca sul commercio culturale è piuttosto attiva tra gli studiosi coreani a causa della notevole popolarità dei beni culturali coreani tra i Paesi asiatici negli ultimi anni. Gli studi degli economisti coreani si concentrano principalmente sull'effetto di diffusione commerciale dell'"Onda coreana" (si vedano, ad esempio, Kang 2009, Choe e Park 2008, Kim 2012).

A differenza dei lavori della maggior parte degli studiosi coreani, questo studio approfondisce invece la questione più fondamentale dei fattori determinanti dell'"Onda coreana", ovvero quali sono le ragioni principali per cui gli aspetti culturali coreani come lo stile di vita, il cibo, la storia e la moda hanno ricevuto così tanta attenzione da parte dei Paesi asiatici nell'ultimo decennio. Questo studio cerca di spiegare l'"Onda coreana" nell'ampio quadro del commercio culturale, adottando il metodo dell'analisi dei dati nel commercio di beni.

Questo studio adotta ed estende il modello di selezione delle preferenze di Bala e

Van Long (2005). Secondo il modello, se un'economia è molto più grande dell'altra, nel lungo periodo la distribuzione delle preferenze nella piccola economia in regime di libero scambio seguirà quella della grande economia. Il modello originale di Bala e Van Long (2005) descrive un mondo a due Paesi e due beni, mentre questo studio lo estende a un mondo a tre Paesi e tre beni. Il vantaggio di questa estensione del modello è che si adatta bene alla descrizione del caso delle esportazioni culturali coreane. Il rapido sviluppo economico della Corea ha modificato le dinamiche tipiche del commercio tra piccoli e grandi Paesi.

Questo studio adotta un modello econometrico di tipo gravitazionale con uno stimatore a effetti fissi per l'analisi empirica e utilizza le esportazioni coreane di programmi radiotelevisivi come dati commerciali. Oltre allo stimatore a effetti fissi, viene utilizzato anche lo stimatore di Poisson a massima verosimiglianza per il controllo di robustezza e per le osservazioni di commercio nullo.

Poiché le informazioni commerciali sono un flusso unidirezionale dalla Corea a diversi Paesi, l'analisi empirica si concentra sulle condizioni di domanda dei Paesi importatori. Sono stati inclusi i regressori comunemente utilizzati nelle equazioni di gravità, come il PIL e la distanza. La teoria e i risultati empirici suggeriscono che lo sviluppo economico coreano e la vicinanza culturale con i Paesi vicini sono due fattori importanti per l'improvvisa popolarità dei beni culturali coreani nei Paesi asiatici.

I contributi del documento sono la reinterpretazione degli aspetti dei beni culturali coreani dal punto di vista dei consumatori stranieri, la modifica del modello economico da due a tre Paesi e l'utilizzo di dati autentici.

La seconda sezione del documento passa in rassegna il fenomeno della "Korean Wave" in generale e i drammi televisivi in particolare. La terza sezione presenta il modello e la sua estensione. La quarta sezione descrive i dati selezionati. La quinta sezione presenta gli stimatori empirici e i risultati. La sesta sezione presenta le implicazioni per le politiche governative e la settima sezione offre osservazioni conclusive.

2. Onda coreana

Nell'ultimo decennio, molti Paesi asiatici hanno sperimentato la fenomenale ascesa dell'influenza culturale coreana chiamata "Hallyu" o "Onda coreana" attraverso numerosi film, fiction televisive e canzoni. Il termine "Hallyu" è stato utilizzato dai media cinesi alla fine degli anni '90 come Ш' per descrivere l'improvvisa popolarità dei drammi televisivi coreani in Cina. I film e i drammi televisivi coreani sono stati accolti con entusiasmo dai Paesi vicini, come Cina, Taiwan e Giappone, e successivamente da molti Paesi del Sud-Est asiatico.

Due dei drammi televisivi più distinti, "Winter Sonata" e "Jewel in the Palace (Tae jang gum)", sono particolarmente degni di nota. Originariamente prodotto e trasmesso in Corea del Sud nell'inverno 2002-03, Winter Sonata ha riscosso un grande successo soprattutto in Giappone. Winter Sonata e il suo eroe romantico Bae Yong Jun hanno avuto un impatto economico impressionante in Giappone, generando 1,1 miliardi di dollari nel 2004, soprattutto grazie alla vendita di articoli legati al dramma. La NHK, l'emittente che ha trasmesso il dramma, ha venduto 860.000 romanzi basati sulla sceneggiatura del dramma, 280.000 guide al programma, 150.000 DVD e video e oltre 1 milione di copie della colonna sonora del dramma (Kim e Ryoo, 2007).

"Jewel in the Palace (Tae jang gum)", ambientato in un periodo storico, è piaciuto soprattutto ai cinesi, compresi quelli di Taiwan e Hong Kong. Quando "Tae jang gum" è andato in onda a Taiwan da maggio a luglio 2004, ad esempio, è diventato il programma più visto della stagione e quando è andato in onda sulla TV di Hong Kong da gennaio a maggio 2005, il suo episodio finale è stato registrato come il programma televisivo più visto nella storia di Hong Kong con una percentuale di spettatori superiore al 40% (Kim e Ryoo, 2007). Jewel in the Palace è stato poi introdotto in aree culturalmente lontane come l'Europa, i Paesi islamici del Medio Oriente e l'Africa, generando un notevole interesse per la cultura coreana.

La forma della Korean Wave è cambiata notevolmente negli ultimi anni. Nei primi anni 2000 era caratterizzata da casalinghe di mezza età nei Paesi dell'Asia orientale che guardavano la televisione e i DVD. Recentemente la musica pop coreana, o K-Pop, è diventata la caratteristica principale dell'Onda coreana ed è largamente apprezzata dagli adolescenti di tutto il mondo. Ad esempio, il recente video di danza "Kangnam Style" del cantante coreano PYS, pubblicato sul sito web YouTube, ha fatto scalpore a livello internazionale, attirando più di 1 miliardo di spettatori da tutto il mondo.

Tabella 1, esportazione coreana di contenuti culturali: 2009-2011

(Unità: milioni di dollari)

Paese	2009	2010	2011	Tasso(%)
Cina	581	749	1,118	27.0
Giappone	664	803	1,247	30.1
Asia sudorientale	458	672	796	19.2
Nord America	388	404	468	11.3
Europa	217	267	325	7.8
Altri	126	157	189	4.6
Totale	2,435	3,055	4,146	100

Fonte: Agenzia coreana per i contenuti creativi (KOCCA)

Grazie all'Onda coreana, diversi settori coreani, come il turismo e i prodotti di bellezza, hanno tratto grandi benefici. Ad esempio, 190.972 thailandesi hanno visitato la Corea nel 2009 e la cifra è salita a 309.143 nel 2011 (Korea Tourism Organization 2013). Inoltre, nel quinquennio 2006-2011, l'esportazione di cosmetici coreani per la cura della pelle in Thailandia è aumentata di oltre il 1000%, raggiungendo i 52,2 milioni di dollari nel 2011.

Un aspetto importante dell'Onda coreana è che molti prodotti culturali coreani di successo sono una combinazione di elementi asiatici (tradizione) e di sofisticazione occidentale (modernità) che creano la loro unicità. Ad esempio, il dramma coreano di grande successo "Winter Sonata" descrive valori perduti da tempo in un contesto moderno, mentre "Jewel in the Palace" è la storia dell'ascesa sociale di una donna (modernità) su uno sfondo storico (tradizione). Una rubrica del Bangkok Post pubblicata in Thailandia ha colto chiaramente questo aspetto dei prodotti culturali coreani.

"I loro prodotti soft, dalla musica ai film e ai programmi televisivi, si basano sulla struttura dei contenuti pop-culturali occidentali, digerendoli, localizzandoli, intensificandoli e riformattandoli per l'esportazione e la crescita del PIL." (Bangkok Post 1 settembre 2012)

I dati dell'Agenzia coreana per i contenuti creativi (KOCCA) riportati nella tabella 1 mostrano che l'esportazione coreana di contenuti culturali cresce rapidamente ogni anno, raggiungendo i 4,3 miliardi di dollari nel 2011. Il Giappone è il principale importatore di contenuti culturali coreani con 1,2 miliardi di dollari nel 2011. I Paesi asiatici, tra cui Giappone, Cina e Sud-Est asiatico, rappresentano il 76,3% delle esportazioni totali di contenuti culturali della Corea nel 2011.

Tabella 2, esportazioni coreane di contenuti culturali per settore: 2011

(Unità: migliaia di dollari)

	Cina	Giappone	Sud Est Asia	Nord America	Europa	Altri	Totale
Pubblicazione	33,693	62,790	29,810	90,127	21,557	45,462	283,439
Cartone animato	662	6,639	2,643	1,766	5,457	46	17,213
Musica	6,836	157,938	25,691	587	4,632	429	196,113
Gioco	907,296	652,556	428,277	181,255	152,369	56,325	2,378,078
Film	1,628	3,663	1,646	1,673	3,522	3,697	15,829
Animazione	1,659	21,688	1,183	59,397	28,556	3,458	115,941
Trasmissione	21,268	105,058	38,432	3,562	1,479	2,139	168,940
Carattere	89,257	20,256	45,255	102,565	82,358	52,575	392,266
Conoscenza Informazioni	36,287	176,925	198,372	8,802	3,528	8,342	432,256
Soluzione per il contenuto	20,322	43,469	25,323	18,553	21,668	16,946	146,281
Totale	1,118,908	1,247,982	796,632	468,287	325,126	189,419	4,146,356
Tasso(%)	27.0	30.1	19.2	11.3	7.8	4.6	100

Fonte: Agenzia coreana per i contenuti creativi (KOCCA)

La tabella 2 mostra le esportazioni coreane di contenuti culturali per settore nel 2011. La parte del leone nelle esportazioni culturali viene dall'industria dei videogiochi, con il 57,3% del totale delle esportazioni. Altri importanti settori di esportazione sono le informazioni sulla conoscenza (10,4%), i personaggi (9,4%), le pubblicazioni (6,8%), la musica (4,7%), le trasmissioni (4,1%), le soluzioni di contenuti (3,5%), ecc.

Figura 1, esportazioni coreane di programmi televisivi: 2001-2011

(Unità: milioni di dollari)

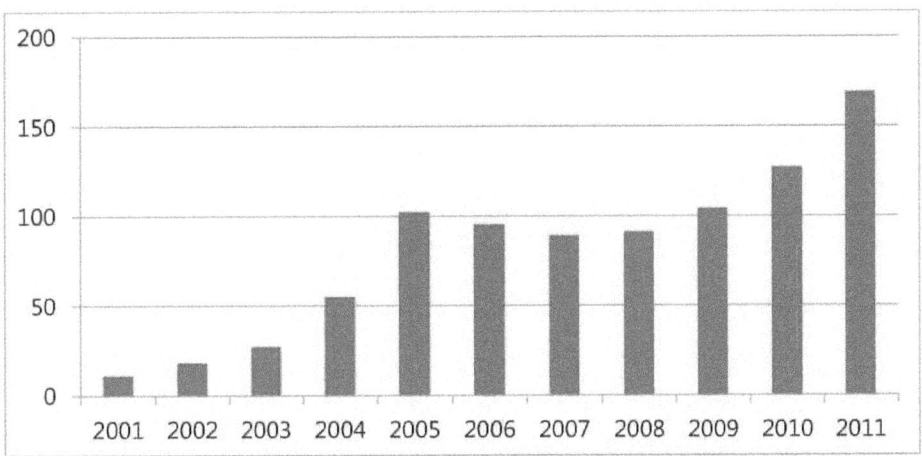

Fonte: Commissione per le comunicazioni della Corea

La Figura 1 mostra che negli ultimi undici anni (2001-2011) le esportazioni coreane di programmi televisivi sono aumentate di oltre 16 volte, passando da 10,9 milioni di dollari a 168,9 milioni di dollari. I programmi televisivi comprendono non solo fiction, ma anche documentari, animazioni e programmi di spettacolo. La parte interessante del dato è che l'anno di picco del 2005 coincide con la grande popolarità del dramma televisivo "Jewel in the Palace (Tae jang gum)" in tutta la regione asiatica.

L'andamento delle esportazioni, come mostrato sopra, è il risultato di una crescente domanda da parte dei mercati esistenti e di quelli nuovi. Ad esempio, l'esportazione coreana di programmi televisivi in Giappone è passata da 1,1 milioni di dollari nel 2001 a 102 milioni di dollari nel 2011, mentre il numero di Paesi stranieri che importano contenuti radiotelevisivi coreani per un valore superiore a 100.000 dollari è passato da 8 Paesi nel 2001 a più di 20 Paesi nel 2011.

Figure 2,   Quota di esportazione coreana di programmi televisivi per paese (2011)

(Unità: USD)

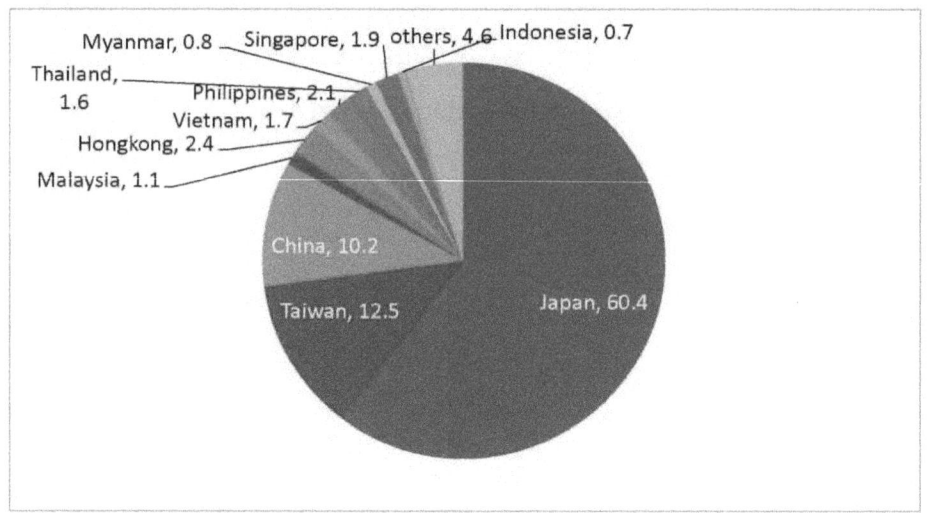

Fonte: Commissione per le comunicazioni della Corea

I grafici 2 e 3 mostrano la quota di esportazione di programmi televisivi coreani per ciascun Paese, rispettivamente in base all'importo in dollari e al numero di programmi nel 2011. Il Giappone è il principale importatore di programmi televisivi coreani, con una quota del 60,4% in termini di dollari e del 36,1% in termini di numero di programmi televisivi.

La ragione per cui ci sono discrepanze nella quota di importazione di ciascun Paese in termini di dollari e numero di programmi è che i prezzi di importazione dei programmi televisivi in ciascun Paese sono diversi. Il prezzo dei beni esportati nei Paesi a più alto PIL pro capite tende a essere più alto di quello dei Paesi a PIL pro capite più basso. Oltre al Giappone e alla Cina, i principali Paesi importatori sono Taiwan, Hong Kong e i Paesi del Sud-Est asiatico.

Figure 3, Quota di esportazione coreana di programmi televisivi per paese (2011)

(Unità: numeri di programma)

16

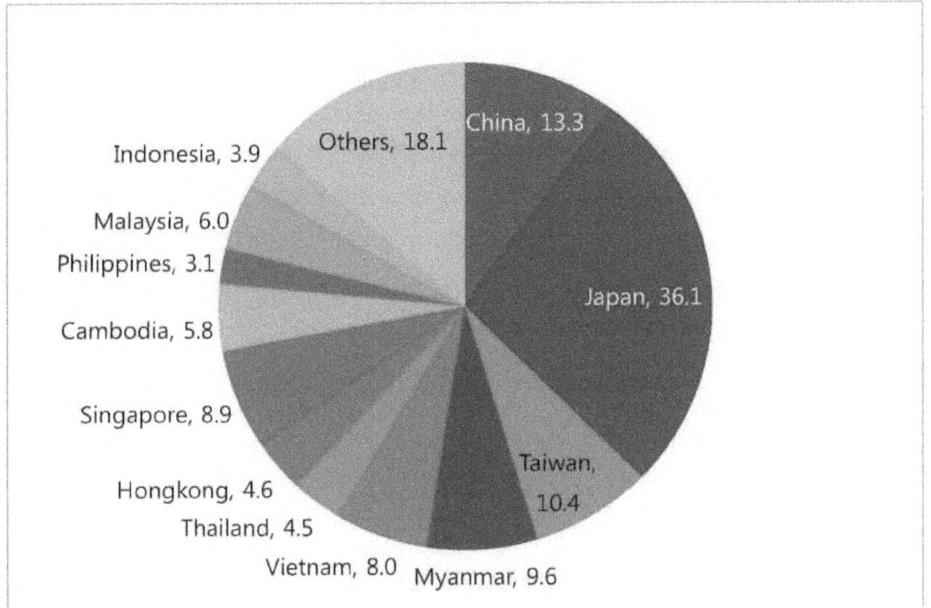

Indonesia, 3.9 · Others, 18.1 · China, 13.3

Malaysia, 6.0

Philippines, 3.1

Cambodia, 5.8

Singapore, 8.9

Hongkong, 4.6

Thailand, 4.5

Vietnam, 8.0 · Myanmar, 9.6

Japan, 36.1

Taiwan, 10.4

Fonte: Commissione per le comunicazioni della Corea

3. Modello

Questa sezione adotta ed estende il modello di selezione delle preferenze di Bala e Van Long (2005). Il modello si basa sull'alterazione dei gusti nel tempo a causa delle influenze sociali e della formazione delle abitudini. Il modello fornisce una formulazione di equilibrio generale, con il prezzo relativo nell'equilibrio competitivo che può influenzare la futura distribuzione dei gusti nella società nel suo complesso. L'aspetto auspicabile del modello è che spiega il processo di cambiamento delle preferenze dei consumatori nel tempo in modo concettualmente semplice.

Il modello considera innanzitutto un'economia chiusa con due beni (mele e banane) e due tipi di individui (amanti delle mele e amanti delle banane). Nel Paese d'origine H, ogni individuo nasce con un vettore di dotazione $(1, k)$ (una mela e k banane). Nel Paese estero F, ogni individuo nasce con un vettore di dotazione $(\delta, 1)$ (una banana e δ mele). La popolazione di H è $N_t = N$ e quella di F è $M_t = M$. Il parametro $m = M/N$ riflette la dimensione relativa del Paese F.

L'evoluzione dinamica per il paese d'origine in regime di autarchia è data da

$$r^{H}_{t+1} = \frac{r_t^{H}}{r_t^{H} + \left(1 - r_t^{H}\right) p\left(r_t^{H}, k\right)}$$

dove r_t indica la percentuale di amanti delle mele nella popolazione al tempo t e $p(r_t^{H}, k)$ è il prezzo di compensazione del mercato del paese d'origine in regime di autarchia. Se $k \geq k^{B}$, allora nel lungo periodo, in regime di autarchia, prevarranno gli amanti delle banane. D'altra parte, se $k E (k^{A}, k^{B})$ allora il paese d'origine mostrerà preferenze eterogenee nel lungo periodo.

Nel caso del paese estero isolato, l'evoluzione in questo paese è data da

$$r^{F}_{t+1} = \frac{r_t^{F}}{r_t^{F} + \left(1 - r_t^{F}\right) p\left(r_t^{F}, 1 / \delta\right)}$$

dove $p(r_t^{F}, 1 /\delta)$ è il prezzo di compensazione del mercato estero in regime di autarchia. Esistono due numeri positivi δ^{A} e δ^{B} tali che i rapporti di prezzo di autosufficienza per i due tipi di consumatori sono

$$p^{A}(1/ \delta^{A}) = 1 \text{ and } p^{B}(1/ \delta^{B}) = 1$$

dove $\delta^{A} > 1 > \delta^{B}$. Se $\delta \geq \delta^{A}$ allora in regime di autarchia, nel lungo periodo le preferenze degli amanti delle mele domineranno nel paese F. Se abbiamo $k \geq k^{B}$ e $\delta \geq \delta^{A}$, la proporzione di amanti delle banane nel paese d'origine sarà prossima all'unità, mentre la proporzione di amanti delle mele nel paese estero sarà prossima all'unità.

Sia $p^{w} (r^{H}, r^{F}, k, \delta, m)$ il prezzo di mercato mondiale, dove m è la dimensione relativa della popolazione del Paese F. In questa economia mondiale, la dinamica è data da un sistema di due equazioni alle differenze:

$$r^{H}_{t+1} = \frac{r_t^{H}}{r_t^{H} + \left(1 - r_t^{H}\right) p^{w}\left(r_t^{H}, r_t^{F}, k, \delta, m\right)}$$

$$r^F_{t+1} = \frac{r^F_t}{r^F_t + \left(1 - r^F_t\right) p^w \left(r^H_t, r^F_t, k, \delta, m\right)}$$

Per qualsiasi vettore iniziale (rt^H, rt^F), esiste un $m^* > 0$ tale che se $m > m^*$, allora nel lungo periodo ci saranno solo amanti delle mele in ogni Paese.

L'intuizione alla base di questa affermazione è che se il Paese estero dotato di una grande quantità di mele è molto più grande del Paese d'origine, il prezzo di equilibrio delle mele in regime di libero scambio sarà molto basso e di conseguenza gli amanti delle banane in entrambe le economie scompariranno. Il modello può essere adottato per spiegare perché i prodotti culturali coreani sono diventati recentemente popolari nella regione asiatica. Tuttavia, questo modello deve essere ampliato.

In primo luogo, Bala e Van Long (2005) ipotizzano cambiamenti evolutivi delle preferenze nell'arco di diverse generazioni, mentre il fenomeno dell'Onda coreana si è verificato in un periodo di tempo relativamente breve. Per spiegare la causa di questo cambiamento dei consumatori in un breve periodo di tempo, ipotizziamo che ogni esposizione a un'influenza culturale alteri e rafforzi la propensione al comportamento di ciascun consumatore nel corso della sua vita. L'esempio migliore è l'esposizione dei consumatori agli spot televisivi. Più i consumatori guardano gli spot televisivi di un particolare marchio, più diventano consapevoli del marchio e più propensi ad acquistare i prodotti pubblicizzati.

In secondo luogo, oltre alla popolazione e ai beni in dotazione, si può considerare anche la dimensione dell'economia di ciascun Paese, poiché il PIL è una delle principali determinanti del commercio internazionale.

In terzo luogo, invece di un modello a due Paesi e due prodotti, possiamo considerare il caso di tre Paesi e tre prodotti. Il modello dei tre Paesi può spiegare la trasformazione di un Paese economicamente piccolo in un Paese grande e i conseguenti cambiamenti nelle interazioni dinamiche tra Paesi grandi, piccoli e da piccoli a grandi. Un ulteriore prodotto con caratteristiche miste incarna la caratteristica del prodotto accettabile per i consumatori con preferenze diverse.

Per l'estensione del modello, possiamo considerare il caso di tre Paesi, X, Y e Z, dove la dimensione economica di Z è molto più grande di quella di X e Y.

Consideriamo solo due periodi di tempo, *t* e *t+1*, in modo che l'idea possa essere presentata in forma semplice pur mantenendo l'aspetto dinamico del modello. Nel periodo *t*, la proporzione di amanti delle banane in X e Y è prossima all'unità, mentre la proporzione di amanti delle mele in Z è prossima all'unità. Nel periodo *t*, Z esporta mele a X e Y perché la sua dimensione economica è molto più grande di quella di X e Y, in linea con il modello di Bala e Long (2004).

Nel periodo *t+1*, le preferenze della vecchia generazione di X e Y rimangono invariate, mentre quelle della giovane generazione di X e Y cambiano, cioè ora preferiscono le mele alle banane. Si ipotizza che nel periodo *t* e *t+1* l'economia di Y cresca più velocemente di quella di X e Z. Si ipotizza inoltre che, poiché l'economia di Y cresce più velocemente di quella degli altri Paesi, anche la sua competitività produttiva sia migliorata e quindi Y può ora esportare anche il proprio prodotto, lattine miste di mele e banane, che è accettabile sia per gli amanti delle mele che per gli amanti delle banane. La variazione dei flussi commerciali nel periodo *t* e nel periodo *t+1* è rappresentata nella Figura 4 e nella Figura 5.

Figura 4, il flusso del commercio internazionale nel periodo *t*

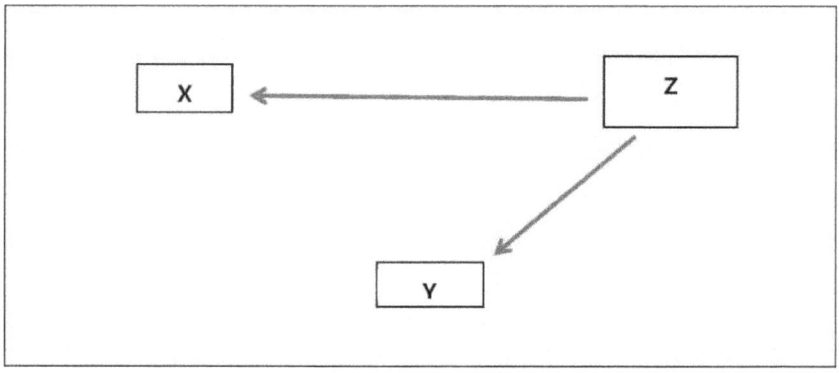

Figura 5, il flusso del commercio internazionale nel periodo *t+1*

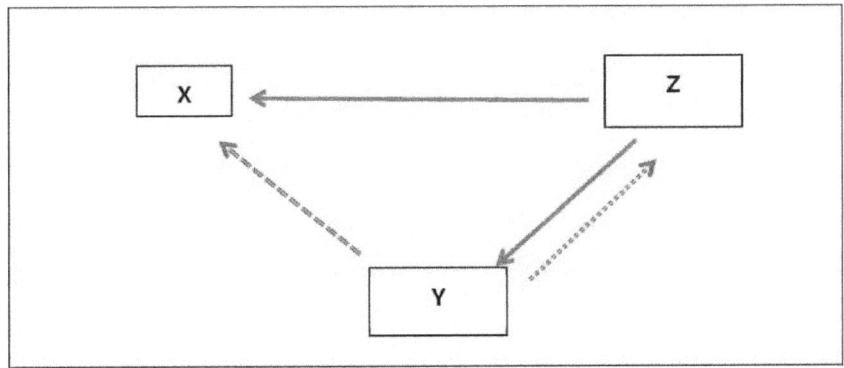

L'evoluzione dinamica delle preferenze del paese X in regime di autarchia è data da

$$r^{X}{}_{t+1} = \frac{r_t^{X}}{r_t^{X} + \left(1 - r_t^{X}\right) p\left(r_t^{X}, k\right)}$$

dove $p(r_t^{x}, k)$ è il prezzo di compensazione del mercato del Paese X in regime di autarchia.

Sia p^{w} $(r_t^{x}, r_t^{Y}, r_t^{Z}, k, \delta, \varepsilon, m, g)$ il prezzo mondiale di compensazione del mercato in cui ε è l'offerta relativa di lattine miste mela-banana del Paese Y e g è la dimensione economica relativa dei Paesi Y e Z. k e δ sono le proporzioni relative di mele e banane, proprio come nel modello originale. In questa economia di libero scambio, l'evoluzione dinamica delle preferenze del paese X è data da

$$r^{X}{}_{t+1} = \frac{r_t^{X}}{r_t^{X} + \left(1 - r_t^{X}\right) p^{w}\left(r_t^{X}, r_t^{Y}, r_t^{Z}, k, \delta, \varepsilon, m, g\right)}$$

Per qualsiasi vettore iniziale $(r_t^{X}, r_t^{Y}, r_t^{Z})$, esiste un $g^* > 0$ tale che se $g^{Y} > g^*$, allora nel lungo periodo ci sarà una maggiore proporzione di amanti delle lattine miste mela-banana nel Paese X.

In questo modello, i Paesi X, Y e Z possono essere rappresentati rispettivamente come la Thailandia, la Corea e gli Stati Uniti e gli amanti della mela sono quelli che preferiscono i prodotti culturali di stile occidentale, mentre gli amanti della banana sono quelli che preferiscono gli elementi tradizionali asiatici. I prodotti culturali coreani sono simboleggiati dal barattolo misto mela-banana, che mostra le sue

21

caratteristiche miste di tradizione asiatica e raffinatezza occidentale. Il vantaggio di questa estensione del modello è che la sua caratteristica è adatta all'esportazione coreana di beni culturali.

4. Dati

Lo studio analizza le esportazioni coreane di contenuti radiotelevisivi in 11 Paesi asiatici nel periodo compreso tra il 2001 e il 2011, raccolte dalla Korea Communications Commission. A partire dal 2001, la Korea Communications Commission ha raccolto annualmente diversi dati sull'industria radiotelevisiva coreana conducendo un'indagine su tutte le aziende impegnate in questa attività e ha pubblicato i risultati sotto forma di annuari del settore.

I dati sulle esportazioni contenuti in questo materiale sono quindi molto più focalizzati su un settore specifico e affidabili di qualsiasi altro dato commerciale disponibile. Ad esempio, la maggior parte delle classificazioni dei prodotti culturali si basa sul codice SA e il problema del codice SA è che conta solo i beni tangibili sdoganati, mentre una parte considerevole dei prodotti culturali attraversa il confine senza lasciare alcuna traccia statistica. Secondo le statistiche dell'industria dei contenuti compilate dall'Agenzia coreana per i contenuti creativi, tra le esportazioni totali di contenuti culturali coreani nel 2010 solo il 39,9% è costituito da prodotti finali tangibili come CD e nastri, mentre le altre forme di esportazione sono licenze, esportazioni OEM e servizi tecnologici.

Tabella 3, esportazioni coreane di contenuti radiotelevisivi negli anni selezionati

Paese	2001		2005		2011	
	migliaia di dollari	Numero di programmi	migliaia di dollari	Numero di programmi	migliaia di dollari	Numero di programmi
Giappone	1,157	2,482	63,543	7,271	102,058	15,147
Cina	2,700	1,142	9,238	4,099	17,241	5,578
Hong Kong	1,117	903	3,232	1,075	4,027	1,921
Singapore	858	674	1,030	934	3,259	3,713
Taiwan	2,232	2,814	11,872	2,003	21,051	4,377

Vietnam	318	586	962	1,152	2,796	3,351
Malesia	0	0	1,336	736	1,814	2,501
Indonesia	0	0	1,144	607	1,246	1,625
Thailandia	0	0	2,327	1,392	2,785	1,895
Filippine	0	0	3,994	1,244	3,549	1,310
Cambogia	0	0	0	0	516	2,431
Altri	2,524	3,478	3,948	1,112	8,598	11,587
Totale	10,906	12,079	102,626	21,625	168,940	55,436

Fonte: Commissione per le comunicazioni della Corea

*Ogni episodio di una fiction viene contato come un programma. Quindi, se una fiction televisiva è composta da 30 episodi, viene conteggiata come 30 programmi.

Il limite dei dati studiati è che contengono solo informazioni sul commercio bilaterale tra la Corea e i Paesi stranieri, senza informazioni sulle transazioni tra altri partner commerciali stranieri. Pertanto, i dati non possono essere utilizzati per analizzare le relazioni commerciali multilaterali tra i Paesi, ma sono sufficienti per analizzare le relazioni commerciali tra la Corea e i Paesi stranieri. Tra i beni culturali, i contenuti radiotelevisivi sono i dati più appropriati per valutare il livello di influenza culturale, perché sono stati alcuni drammi televisivi coreani a innescare l'Onda coreana in molti Paesi asiatici e i drammi televisivi incarnano ricchi tratti culturali come le relazioni familiari, l'interazione sociale, la storia, le ultime tendenze, il cibo e la moda.

Gli 11 Paesi osservati che importano contenuti radiotelevisivi coreani sono Giappone, Cina, Hong Kong, Singapore, Taiwan, Vietnam, Malesia, Indonesia, Thailandia, Filippine e Cambogia. Il motivo per cui sono stati selezionati questi 11 Paesi asiatici è che sono i principali Paesi importatori di contenuti radiotelevisivi coreani nel periodo 2001-2011. Il Myanmar è stato escluso dall'analisi semplicemente perché non sono disponibili molte informazioni statistiche importanti sul Myanmar nel periodo di 11 anni. La tabella 3 mostra le esportazioni coreane di contenuti radiotelevisivi verso gli 11 Paesi nei tre anni selezionati. Nel 2011, il Giappone detiene la quota maggiore di importazione di contenuti televisivi dalla Corea con 102 milioni di dollari o 15.147 programmi.

La tabella 4 mostra la descrizione dei dati, con un numero totale di variabili osservate pari a 121. Le informazioni sulla distanza, misurata in chilometri, tra la capitale coreana, Seoul, e le capitali dei Paesi importatori provengono dal sito www.mapcrow.info. La variabile della distanza è parte integrante dell'equazione di gravità e dell'analisi dei modelli commerciali. Nell'analisi del commercio culturale, la distanza rappresenta barriere più intangibili, come la lontananza culturale, rispetto ai semplici costi di trasporto.

Tabella 4, Descrizione dei dati

Variabili	Osservazione.	Media	Dev. std.	Min.	Max.
Esportazione$_{kjt}$ (importo in dollari)	121	6953.7	15566.2	0	102058
Esportazione2$_{kjt}$ (Numero di programmi)	121	2072.5	2517.5	0	15147
Distanza$_{kj}$	121	2997.0	1434.2	955	5290
Popolazione$_{jt}$	121	181.26	363.77	4.1	1344
PIL pro capite$_{jt}$	121	11.59	13.90	0.325	46.862
Internet$_{jt}$	121	30.89	25.08	0.08	78.71
PIL /PIL$_{jtkt}$	121	1.0675	1.9368	0.01	8.25
Coreano$_{jt}$	121	307.6	694.8	1	2750

I dati relativi a PIL, popolazione, inflazione e Internet provengono dal database della Banca Mondiale. Sono state aggiunte anche le statistiche sulla popolazione coreana d'oltremare compilate dal Ministero degli Affari Esteri coreano, perché possono essere un indicatore dei legami culturali tra la Corea e i Paesi d'importazione.

Il PIL e la popolazione possono rappresentare rispettivamente il livello di sviluppo e le dimensioni di ciascun Paese. Poiché il PIL contiene l'elemento della popolazione, questo studio ha utilizzato sia il PIL pro capite che la popolazione, mentre il PIL dei Paesi importatori è stato utilizzato per misurare la dimensione economica relativa del Paese importatore rispetto a quella della Corea.

L'utilizzo di Internet per 100 persone nei Paesi importatori rappresenta il livello di sviluppo dell'infrastruttura sociale nel Paese importatore. Il motivo per cui è stato incluso Internet è che recentemente i beni culturali, in particolare i contenuti

24

radiotelevisivi, si sono diffusi molto rapidamente tra i consumatori attraverso siti Internet come YouTube e Facebook. La visione di contenuti televisivi coreani da parte dei consumatori d'oltreoceano attraverso i siti Internet dei Paesi importatori potrebbe avere un'influenza negativa sulle esportazioni complessive. Tuttavia, questo studio ritiene che Internet possa diventare un catalizzatore per la conoscenza dei contenuti televisivi coreani da parte dei consumatori.

5. Analisi empirica

Questo studio adotta un'equazione di tipo gravitazionale per misurare le determinanti delle esportazioni culturali coreane verso i Paesi asiatici. Il modello di gravità è diventato una norma negli studi applicati sul commercio internazionale. Le ragioni per cui il modello di gravità è molto utilizzato sono che il concetto è semplice ma teoricamente ben fondato e si adatta bene ai dati.

Tinbergen (1962) ha originariamente applicato il modello di gravità al commercio internazionale e, come nella legge meccanica di Newton, il modello prevede che il commercio tra due Paesi sia funzione delle loro dimensioni economiche e della distanza tra loro. Anderson e van Wincoop (2003) dimostrano che l'incorporazione di misure di resistenza multilaterali può migliorare notevolmente la stima. Il motivo per cui questo studio adotta un'equazione di tipo gravitazionale è che variabili importanti come il PIL e la distanza nell'equazione gravitazionale tradizionale si sovrappongono alle variabili del modello di questo studio.

Il modello di selezione dinamica delle preferenze descritto nella sezione precedente si concentra sulle condizioni di domanda dei Paesi importatori e, secondo il modello, le principali determinanti del commercio culturale sono le dimensioni economiche relative e la popolazione tra i partner commerciali. Il PIL pro capite di un Paese importatore implica il potere di mercato. La variabile Internet rappresenta la consapevolezza dei consumatori e il costo della ricerca. La popolazione coreana in ogni Paese importatore viene aggiunta per il proxy culturale tra la Corea e i Paesi importatori.

Sebbene il costo del trasporto sia minimo nel commercio di beni culturali, la variabile della distanza è stata aggiunta come proxy della distanza culturale tra la Corea e ciascun Paese importatore. L'ipotesi è che all'aumentare della distanza geografica tra due Paesi aumentino anche le barriere culturali e le conseguenti difficoltà del commercio culturale tra di essi.

Alcune variabili come l'adiacenza, la lingua, la colonia e l'accordo di libero scambio, che compaiono nelle tipiche equazioni di gravità, sono state escluse in considerazione della varietà limitata di Paesi coperti dai dati. Questo studio ipotizza che l'esportazione coreana di beni culturali abbia una relazione positiva con le dimensioni economiche relative della Corea, la popolazione del Paese importatore, il PIL pro capite, la popolazione coreana d'oltremare e l'utilizzo di Internet, mentre ha una relazione negativa con la distanza.

Il modello empirico che segue incorpora le idee e le variabili illustrate nella sezione 3. Ad esempio, nel modello empirico sono elencate le dimensioni economiche relative dei Paesi importatori ed esportatori (g), la variabile della popolazione (m), la popolazione coreana e la distanza come prossimità culturale e costo di transazione.

$$ln\left(export1_{kjt}\right) = \alpha + \beta_1 ln\left(GDP_{jt} / GDP_{kt}\right) + \beta_2 ln\left(population_{jt}\right) + \beta_3 ln\left(gdppc_{jt}\right) +$$

$$\beta_4 ln\left(internet_{jt}\right) + \beta_5 ln\left(distance_{kj}\right) + \beta_{6}\left(Korean_{jt}\right) + \varepsilon_{kjt}$$

Nell'equazione precedente, "ln" rappresenta il logaritmo naturale. $Export1kjt$ è l'esportazione coreana di programmi televisivi verso il Paese j in termini di dollari nel periodo osservato t. $distancekj$ è la distanza geografica tra la capitale della Corea e quella del Paese importatore j. $populationjt$ è la popolazione del Paese j. $gdppcjt$ è il PIL pro capite del Paese j. $Internetjt$ è il numero di utenti Internet ogni 100 nel Paese j. $GDPjt/GDPkt$ è il rapporto tra il PIL del Paese j e quello della Corea. $Koreanjt$ è la popolazione coreana con 1000 unità nel Paese j. Infine, $ekjt$ è il residuo. Questo studio prevede che il segno di $ln(distanzakj)$ e del $PILj/PILk$ sia negativo, mentre il segno delle altre variabili sia positivo.

La tabella 5 mostra le correlazioni a coppie per la variabile dipendente e le variabili regressori, dove l'esportazione è maggiormente correlata alla distanza, alle dimensioni relative del PIL del Paese importatore e a Internet. Tra i regressori, l'uso di Internet e il PIL pro capite sono altamente correlati. Il segno della dimensione relativa del PIL è positivo, contrariamente alle aspettative. È dovuto ai risultati della correlazione di una singola variabile e con un trattamento adeguato della regressione, come mostrato nelle tabelle 6 e 7, il segno cambia in negativo.

Per la stima del modello di gravità, Anderson e van Wincoop (2003) dimostrano che è necessario incorporare misure di resistenza multilaterale. Tra i vari approcci per trattare la resistenza multilaterale, questo studio segue Baldwin e Taglioni (2006) e include gli effetti fissi degli importatori interagiti con le dummies dell'anno. Per verificare la robustezza e gestire le osservazioni di commercio nulle, questo studio utilizza anche lo stimatore Poisson pseudo-maximum likelihood (PPML) presentato da Santos Silva e Tenreyro (2006, 2011). Lo stimatore di Poisson presenta una serie di aspetti auspicabili. In primo luogo, in presenza di effetti fissi, il PPML è coerente. In secondo luogo, include le osservazioni con valore commerciale pari a zero. In terzo luogo, segue lo stesso schema dell'OLS e l'interpretazione dei coefficienti è semplice.

Tabella 5, matrice di correlazione

	Esportazione	Distanza	PIL pro capite	Popolazione	PILj/PIL k	Internet	Coreano
Esportazione	1.0000						
Distanza	-0.6854	1.0000					
PIL pro capite	0.5931	-0.2723	1.0000				
Popolazione	0.1866	-0.4065	-0.4570	1.0000			
PIL/PIL k	0.6832	-0.6681	0.4539	0.5740	1.0000		
Internet	0.6111	-0.1964	0.7735	-0.2471	0.4355	1.0000	
Coreano	0.4475	-0.6052	-0.0172	0.7549	0.7247	0.1071	1.0000

Stimiamo innanzitutto le determinanti delle esportazioni coreane di beni culturali in termini di valore. La Tabella 6 presenta i risultati con l'importo in dollari delle esportazioni come variabile dipendente. In tutte le regressioni sono stati inclusi gli effetti fissi dell'importatore interagiti con le dummies dell'anno.

I risultati OLS mostrano la significatività statistica di tutte le variabili. Tuttavia, i risultati delle stime a effetti fissi e PPML mostrano che alcune variabili non sono affatto rilevanti per l'esportazione di contenuti radiotelevisivi in Corea.

Tabella 6, Variabile dipendente: Log Export1 (OLS, FE), Export1 (PPML)

Variabile	OLS	FE		PPML	
		(1)	(2)	(1)	(2)
Distanza Ln	-1.4197***	-2.3488*	-2.3530	-3.9804	-4.1311
	(0.1409)	(1.2753)	(1.4338)	(6.9114)	(5.2441)
Ln PIL per	2.3454***	2.3667***	1.8823**	2.5229***	5.0056***
capitato	(0.3002)	(0.5798)	(0.8265)	(0.2653)	(1.4580)
Ln popolazione	2.2610***	2.0222	-0.3322	2.9702	7.8169*
	(0.3065)	(1.4182)	(2.4278)	(5.0224)	(4.0923)
Ln PILj/	-1.9446***	-2.6968***	-2.4423***	-2.5685***	-5.4377***
PILk	(0.3055)	(0.8214)	(0.7467)	(0.1230)	(1.3524)
Ln Internet	0.2931***	0.1116	0.0351	0.3149*	0.1632
	(0.6370)	(0.0647)	(0.0827)	(0.1617)	(0.1283)
Ln coreano	-0.1156**	0.2297	0.1366	-0.1649	-0.5527
	(0.4754)	(0.3169)	(0.3017)	(0.4223)	(0.4604)
Costanti	3.3550	11.0335	24.3233	19.3858	-3.3211
	(2.0947)	(6.6379)	(10.9911)	(69.2739)	(53.5025)
Importatore fe	No	Sì	Sì	Sì	Sì
Anno fe	No	No	Sì	No	Sì
Osservazioni	112	112	112	121	121
R rettificato^2	0.8231	0.8729	0.8962	0.8898	0.9611

*,**,*** indicano rispettivamente la significatività statistica ai livelli del 90, 95 e 99%.

Le variabili relative al PIL pro capite del Paese importatore mostrano segni positivi e significatività statistica nella maggior parte degli stimatori. Tuttavia, la popolazione del Paese importatore mostra solo una lieve significatività statistica nella colonna PPML (2) e nessuna importanza negli altri stimatori. L'implicazione è piuttosto chiara. Mentre le dimensioni del mercato del Paese importatore sono un fattore importante per l'esportazione culturale coreana, quando si parla di quantità di esportazioni, il PIL pro capite è più importante della popolazione del Paese importatore.

Il PIL_{jt}/PIL_{kt} mostra chiaramente un segno negativo e una significatività statistica in tutte le colonne, suggerendo che nel commercio culturale un Paese economicamente più grande diventa un esportatore netto, mentre i Paesi più piccoli diventano importatori netti.

La distanza mostra segni negativi in tutti gli stimatori, come previsto. Mentre FE(1) indica una leggera significatività della distanza, gli altri stimatori, invece, non mostrano alcuna significatività statistica della distanza. Questo risultato è nettamente diverso da quello della maggior parte delle stime convenzionali della gravità dei beni generali. Il risultato è comprensibile e allo stesso tempo lascia perplessi. La prima possibile implicazione è che, poiché il costo di trasporto dei contenuti radiotelevisivi è quasi nullo, la distanza semplicemente non conta. La seconda implicazione è che, anche se la distanza incorpora barriere culturali, gli 11 Paesi importatori analizzati non sono sufficientemente eterogenei dal punto di vista culturale.

L'uso di Internet nel Paese di importazione mostra una debole significatività statistica nella colonna PPML(1) e nessuna significatività negli altri stimatori, indicando che lo sviluppo di reti multimediali e sociali nei Paesi di importazione ha una debole influenza positiva sul commercio culturale. La popolazione coreana d'oltremare nei Paesi d'importazione non mostra risultati significativi, il che implica che il legame con la Corea è un debole rappresentante dei legami culturali.

La tabella 7 presenta i risultati con l'esportazione di contenuti radiotelevisivi coreani in termini di numero di episodi come variabile dipendente. In tutte le regressioni sono stati inclusi anche gli effetti fissi dell'importatore interagiti con le dummies dell'anno.

Tabella 7, Variabile dipendente: Log Export2 (OLS, FE), Export2 (PPML)

Variabile	OLS	FE		PPML	
		(1)	(2)	(1)	(2)
Distanza Ln	-0.8975***	-1.5268	-1.7130	4.5767	1.0900
	(0.1824)	(1.3667)	(1.4194)	(3.6645)	(3.8580)
Ln PIL pro capite	1.7761***	1.7919***	2.7062***	1.7030***	4.0440***
	(0.3058)	(0.3899)	(0.4768)	(0.4526)	(0.7771)
Ln popolazione	1.6080***	3.2261	3.3074**	4.3029*	6.3402***
	(0.2936)	(1.8174)	(1.5112)	(2.4624)	(2.4544)
Ln PIL_j/PIL_k	-1.5749***	-1.2735***	-2.3262***	-1.2389***	-3.8615***
	(0.2861)	(0.2851)	(0.4087)	(0.2427)	(0.6566)

29

Ln Internet	0.0423	0.0551	0.0136	0.1014	0.0458
	(0.0940)	(0.1315)	(0.1012)	(0.1551)	(0.1457)
Ln coreano	0.0510	-0.1134	-0.2074	-0.2827	-0.4864
	(0.0774)	(0.3892)	(0.4198)	(0.3198)	(0.3483)
Costanti	2.9161	0.1766	0.9784	-46.7680	-33.4201
	(2.1690)	(5.3293)	(7.2609)	(36.0119)	(35.9901)
Importatore fe	No	Sì	Sì	Sì	Sì
Anno fe	No	No	Sì	No	Sì
Osservazioni	112	112	112	121	121
R rettificato^2	0.7132	0.8143	0.8398	0.8227	0.8763

****** indicano la significatività statistica rispettivamente ai livelli del 90, 95 e 99%.

La differenza sorprendente dei risultati della Tabella 7 rispetto a quelli della Tabella 6 è che la variabile della popolazione nei Paesi importatori mostra significatività statistica nella maggior parte degli stimatori, tranne che nella colonna FE(1). Ancora una volta l'implicazione è piuttosto chiara. La concentrazione delle importazioni dei contenuti radiotelevisivi nei Paesi con un PIL pro capite più elevato diminuisce notevolmente se misuriamo i prodotti in termini di quantità piuttosto che di valore in dollari. L'implicazione è resa evidente anche dal confronto tra le Figure 2 e 3.

Come nei risultati della Tabella 6, il PIL pro capite del Paese importatore e il PILj/PILk mostrano una forte significatività statistica. Mentre alcuni risultati delle stime della Tabella 6 mostrano una leggera significatività della distanza e dell'utilizzo di Internet da parte del Paese importatore, i risultati della Tabella 7 non mostrano alcuna importanza per entrambe le variabili. Anche la popolazione coreana nel Paese di importazione non rivela alcuna conclusione significativa.

6. Implicazioni politiche

I risultati della ricerca mostrano che, mentre il commercio culturale in Asia segue uno schema simile a quello del commercio di beni, la distanza e la popolazione coreana d'oltremare come legami culturali mostrano una scarsa importanza. Questo risultato, a prima vista, contraddice la teoria della crescita economica e della vicinanza culturale come due fattori cruciali per l'esportazione coreana di beni culturali. Tuttavia, il fatto che i costi di trasporto dell'onda radiotelevisiva siano ridotti, le caratteristiche culturalmente omogenee degli 11 Paesi presi in esame e il fatto che questi 11 Paesi occupino il 95% di tutte le esportazioni coreane nel mondo dimostrano chiaramente l'importanza dei legami culturali nell'esportazione dei contenuti radiotelevisivi. Infatti, secondo le statistiche commerciali della Korea International Trade

(KITA) del totale delle esportazioni coreane nel 2011, l'esportazione verso i Paesi asiatici occupa il 56,5%, un tasso notevolmente inferiore a quello delle esportazioni di contenuti radiotelevisivi. Per i responsabili delle politiche governative, il caso dell'Onda coreana fornisce le seguenti implicazioni politiche.

In primo luogo, poiché l'ascesa dell'Onda coreana coincide con il rapido sviluppo economico della Corea, bisogna anche riconoscere che il fenomeno dell'Onda coreana può avere vita breve se altre economie vicine, come quella cinese, crescono più velocemente di quella coreana. Quando l'economia giapponese dominava il mondo qualche anno fa, anche le influenze culturali giapponesi, come l'animazione giapponese, il teatro e il J-pop, hanno guadagnato grande popolarità in tutto il mondo. Al momento l'economia coreana e l'influenza culturale coreana sui Paesi vicini sono forti, ma il dominio cinese in termini di influenza economica e culturale nel prossimo futuro sembra inevitabile.

In secondo luogo, poiché comprendiamo che l'influenza culturale avviene attraverso la combinazione dinamica di potere economico e vicinanza culturale tra i Paesi import-export, ci vorrà più tempo e sforzi perché la Korean Wave esca dall'Asia. L'enorme successo di "Kangnam Style" di PSY suggerisce che la produzione di beni culturali che soddisfano i gusti universali (ad esempio il fattore comico) piuttosto che i gusti tradizionali è un modo per superare le barriere culturali.

In terzo luogo, il fatto che il principale importatore di beni culturali coreani sia il Giappone, la cui dimensione economica è maggiore di quella della Corea, suggerisce che la dimensione economica relativa non è una condizione assoluta per il commercio culturale. Oltre allo sviluppo economico della Corea, la combinazione di contenuti unici, il sostegno del governo, le reti sociali e la concorrenza interna hanno contribuito alla nascita dell'Onda coreana, che ha affascinato centinaia di milioni di persone.

Infine, come evidenziato dai dati e dall'analisi empirica, la domanda di contenuti culturali da parte del Paese importatore può essere misurata sia con un termine di valore sia con un termine di quantità. I risultati mostrano che il potere di mercato del Paese importatore, misurato in termini di PIL pro capite, è importante nel termine valore, mentre il potere di mercato del Paese importatore, misurato in termini di popolazione, è un fattore rilevante anche nel termine quantità. Considerando l'elevato tasso di crescita economica media dei Paesi a basso reddito, la futura creazione di valore dell'esportazione coreana di beni culturali proverrà sempre più da questi mercati emergenti.

7. Conclusioni

Questo studio analizza le determinanti dell'improvvisa popolarità dei prodotti culturali coreani nei mercati esteri e le loro implicazioni. In un modello dinamico di selezione delle preferenze, questo studio indica che sia le dimensioni economiche relative che la vicinanza culturale influenzano il commercio internazionale dei beni culturali. Basandosi sul modello originale di Bala e Van Long (2005), questo studio estende il modello a un modello a tre Paesi e tre beni per spiegare la posizione unica dell'economia coreana; la Corea si è trasformata da importatore netto a esportatore netto di beni culturali in un periodo considerevolmente breve.

Dal punto di vista empirico, questo studio adotta un modello econometrico di tipo gravitazionale e applica gli effetti fissi dell'importatore e lo stimatore di Poisson a massima verosimiglianza per analizzare le determinanti dell'esportazione coreana di contenuti radiotelevisivi in 11 Paesi asiatici. Lo studio rileva che se le dimensioni economiche del Paese importatore sono importanti, anche le dimensioni relative del Paese esportatore rispetto a quelle del Paese importatore sono un fattore importante per il commercio culturale. L'uso di Internet nel Paese d'importazione mostra una debole rilevanza e la popolazione coreana d'oltremare come proxy dei legami culturali non mostra alcuna significatività statistica.

I risultati mostrano anche una debole rilevanza della distanza geografica nel commercio culturale. In apparenza il risultato può essere ragionevolmente accettato perché i beni culturali come i contenuti televisivi non generano grandi costi di trasporto. Tuttavia, il risultato è anche controintuitivo, poiché la distanza può essere una proxy delle barriere culturali tra i Paesi di esportazione e di importazione. Una possibile spiegazione è che i dati analizzati riguardano solo il commercio tra la Corea e i Paesi asiatici e quindi sono già esclusi i Paesi culturalmente e geograficamente lontani.

III. L'ascesa dell'onda coreana porta all'esportazione di cosmetici?

Lo scopo di questa ricerca è identificare la relazione tra l'onda coreana e l'esportazione di cosmetici coreani. Invece di utilizzare i dati UN COMTRADE come altre ricerche simili, questo studio adotta l'indice delle query di Google Trends con la parola chiave "dramma coreano" come variabile proxy per il commercio culturale. Controllando i fattori che determinano le esportazioni, come il PIL dei Paesi importatori ed esportatori, la distanza, la R&S e l'accordo di libero scambio, questo studio esamina se l'onda coreana rappresentata da Google Trends contribuisca all'aumento esplosivo delle esportazioni di cosmetici coreani negli ultimi anni. Inoltre, questo studio analizza anche i possibili effetti dell'ondata coreana sulle esportazioni, che potrebbero variare a seconda dei diversi gruppi commerciali, classificando i Paesi importatori in due gruppi: 74 Paesi del mondo e 9 Paesi membri dell'ASEAN. I risultati rivelano che l'ondata coreana porta effettivamente all'esportazione di cosmetici verso i Paesi ASEAN, ma mostra una debole relazione con l'esportazione di cosmetici a livello mondiale.

1. Introduzione

Molte delle domande di ricerca sollevate negli ultimi due decenni sui flussi commerciali internazionali si sono concentrate sui costi commerciali derivanti dai confini territoriali. La famosa ricerca di McCallum (1995) sui modelli di commercio regionale tra Canada e Stati Uniti ha dato il via a un'ondata di studi alla ricerca della reale entità dell'effetto confine. Obstfeld e Rogoff (2000) includono l'home bias nel commercio come uno dei sei enigmi della macroeconomia internazionale. Disdier e Head (2008) hanno esaminato 1467 effetti di distanza stimati in 103 articoli e hanno scoperto che, in media, un aumento del 10% della distanza riduce il commercio bilaterale di circa il 9%. I costi di trasporto per le lunghe distanze, le tariffe e le altre barriere non tariffarie possono spiegare in parte le ragioni per cui il confine nazionale è ancora importante.

Come ipotizza Grossman (1998), tuttavia, il motivo per cui la distanza è così importante potrebbe anche essere dovuto alla mancanza di familiarità o di differenze culturali. Molti ricercatori che adottano il modello gravitazionale includono lingue comuni (Boisso e Ferrantino 1997; Melitz 2008), esperienze coloniali (Rose 2000;

Eichengreen e Irwin 1998) e legami etnici (Rauch e Trindade 2002; Combes et al. 2005; Wagner et al. 2002) come proxy dei legami culturali tra i partner commerciali.

L'effetto frontiera non è limitato al commercio di manufatti. Miroudot et al. (2013) hanno riscontrato che i costi commerciali nei servizi sono molto più elevati di quelli nel settore dei beni. I dati della loro ricerca suggeriscono inoltre che i costi commerciali dei manufatti sono diminuiti notevolmente nell'ultimo decennio, mentre sono rimasti sostanzialmente stabili nei mercati dei servizi. Blum e Goldfarb (2006) dimostrano che la distanza fisica riduce gli scambi anche nei prodotti e nei servizi online che dovrebbero essere esenti da costi commerciali.

In linea con le ragioni sopra esposte, alcuni studi recenti si concentrano sugli effetti di diffusione commerciale della popolarità dei contenuti culturali coreani, come i drammi televisivi e la musica (Park e Choe 2009; Kim e Ahn 2012). Il notevole successo dell'industria culturale coreana è particolarmente evidente nei Paesi asiatici. Secondo i dati della Korea Creative Content Agency (KOCCA), nel periodo di 8 anni tra il 2005 e il 2013, il valore delle esportazioni musicali coreane è aumentato di oltre 10 volte, passando da 22 milioni di dollari a 227 milioni di dollari. Il 97,4% del valore totale delle esportazioni musicali nel 2013 è stato destinato a Paesi asiatici come Giappone, Cina e Paesi del Sud-Est asiatico.

La situazione delle esportazioni coreane di contenuti televisivi non è molto diversa. Nello stesso periodo di 8 anni, il valore delle esportazioni coreane di contenuti televisivi è passato da 121 milioni di dollari a 309 milioni di dollari e il 73% del totale delle esportazioni di contenuti televisivi nel 2013 è stato destinato ai Paesi asiatici.

Il vantaggio di adottare il commercio di beni culturali come proxy dei legami culturali tra i partner commerciali è che, mentre altri fattori culturali come la lingua comune, l'esperienza coloniale e i legami etnici sono invarianti nel tempo, il commercio culturale cambia in un breve periodo di tempo. Pertanto, la natura dinamica dei modelli commerciali può essere colta con l'uso del commercio culturale come variabile proxy dei legami culturali tra i partner commerciali.

Stigler e Becker (1977) mettono in discussione l'assunto tradizionale della stabilità dei gusti e delle preferenze attraverso studi di casi di dipendenza, comportamenti abituali, pubblicità e mode. In base a questo ragionamento, è possibile ipotizzare che l'esposizione frequente a contenuti culturali stranieri possa modificare il comportamento d'acquisto dei consumatori nazionali (Rauch e Trindate 2009; Bala e Van Long 2005; Park 2014).

Ci sono molti casi di resoconti dei media e pubblicazioni in Corea che affermano che l'ondata coreana ha contribuito notevolmente all'esportazione coreana in particolare e all'economia coreana in generale. Tuttavia, la maggior parte di questi resoconti si basa su pure speculazioni o su ricerche aneddotiche che mancano di un'analisi rigorosa.

Questo lavoro cerca di studiare gli effetti di creazione di scambi commerciali dell'ondata coreana, con particolare attenzione alle esportazioni coreane di cosmetici. La scelta dell'industria cosmetica coreana è dovuta alla notevole performance del settore nel bel mezzo della recessione economica degli ultimi anni. Inoltre, i cosmetici possono essere classificati come prodotti parzialmente sostitutivi e quindi il loro consumo è strettamente legato non solo al prezzo e alla qualità del prodotto, ma anche all'immagine che i prodotti trasmettono. Una delle possibili ragioni per cui i contenuti culturali coreani sono diventati così popolari nei Paesi asiatici può essere dovuta ai volti attraenti degli intrattenitori coreani. Poiché il concetto di bellezza può essere condiviso in regioni specifiche, l'ascesa dell'onda coreana potrebbe spiegare l'aumento esplosivo delle esportazioni di cosmetici coreani nei Paesi asiatici negli ultimi anni.

Mentre la maggior parte delle ricerche sugli effetti di creazione del commercio dell'ondata coreana (ad esempio Park e Choe 2009; Kim e Ahn 2012) utilizza i dati COMTRADE delle Nazioni Unite sia per i manufatti che per i beni culturali, questo studio adotta i dati estratti dalle query di ricerca di Google Trends come misura proxy per il commercio di beni culturali. Poiché Internet è ampiamente utilizzato per il consumo di prodotti audiovisivi, il commercio di beni culturali prodotti come CD, nastri magnetici e pellicole cinematografiche potrebbe non rappresentare la reale portata del commercio culturale.

Choi e Varian (2009) dimostrano che Google Trends può aiutare a prevedere il presente. Le query di ricerca di Google Trends sono state recentemente utilizzate per stimare il livello attuale di attività di malattie come "influenza", "influenza aviaria" e "influenza suina" nei Paesi (Ginsberg et al. 2009; Eysenbach 2006). Askitas e Zimmerman (2009) dimostrano forti correlazioni tra la ricerca di parole chiave e i tassi di disoccupazione utilizzando dati mensili tedeschi. Poiché le attività di ricerca su Internet sono diventate parte della vita quotidiana di tutto il mondo, l'analisi delle query delle parole chiave può anche rivelare l'affinità culturale di ogni persona con un determinato Paese.

Il documento procede come segue. La sezione successiva descrive la crescita dinamica dell'industria cosmetica coreana. La terza sezione propone un approccio basato su un modello di gravità per l'analisi empirica e la descrizione dei dati. La quarta sezione fornisce i risultati della stima. La quinta sezione considera le implicazioni dei risultati e conclude.

2. Industria cosmetica coreana

L'industria cosmetica coreana è in rapida crescita grazie al crescente interesse della popolazione per la salute e all'aumento degli investimenti nella produzione di cosmetici. Secondo i dati del Korea Health Industry Development Institute (KHIDI) riportati nella Tabella 1, la produzione interna coreana di cosmetici ha raggiunto i 7280 milioni di dollari nel 2013 dai 4049 milioni di dollari del 2009 con una crescita media annua del 16,0%, superando di gran lunga il tasso di crescita medio del PIL coreano del 3,2% nello stesso periodo.

Tabella 1. Dimensioni del mercato dell'industria cosmetica coreana

(Unità: milioni di dollari, %)

	2009	2010	2011	2012	2013	A/a	CAGR (2009~2013)
Dimensioni del mercato	4,336	5,456	5,947	6,231	6,962	11.7	12.8
Produzione	4,049	5,202	5,763	6,321	7,280	15.1	16.0
Esportazione	416	597	805	1,067	1,290	20.8	32.9
Importazione	702	851	989	978	972	-0.1	8.9
Bilancia commerciale	-286	-254	-184	89	318		

Fonte: Istituto per lo sviluppo dell'industria sanitaria della Corea

*L'acronimo YoY sta per anno su anno e CAGR sta per tasso di crescita annuale composto.

L'aspetto notevole del settore è che, mentre la maggior parte degli altri settori è stata gravemente colpita dalla crisi finanziaria e non ha registrato alcuna crescita nel 2009, il mercato coreano dei cosmetici è cresciuto fino all'11,8% nello stesso anno.

Anche i risultati delle esportazioni dell'industria cosmetica coreana negli ultimi anni sono degni di nota. Secondo i dati del Korea Health Industry Development Institute (KHIDI), il valore delle esportazioni di cosmetici coreani nel corso di 11 anni (2002-2013) è aumentato di oltre 10 volte, passando da 123 milioni di dollari a 1.289 milioni di dollari e, come mostrato nella Figura 1, nel 2012 il valore delle esportazioni di cosmetici coreani ha superato per la prima volta il valore delle importazioni.

Figure 1. Esportazione coreana di cosmetici

(Unità: migliaia di dollari)

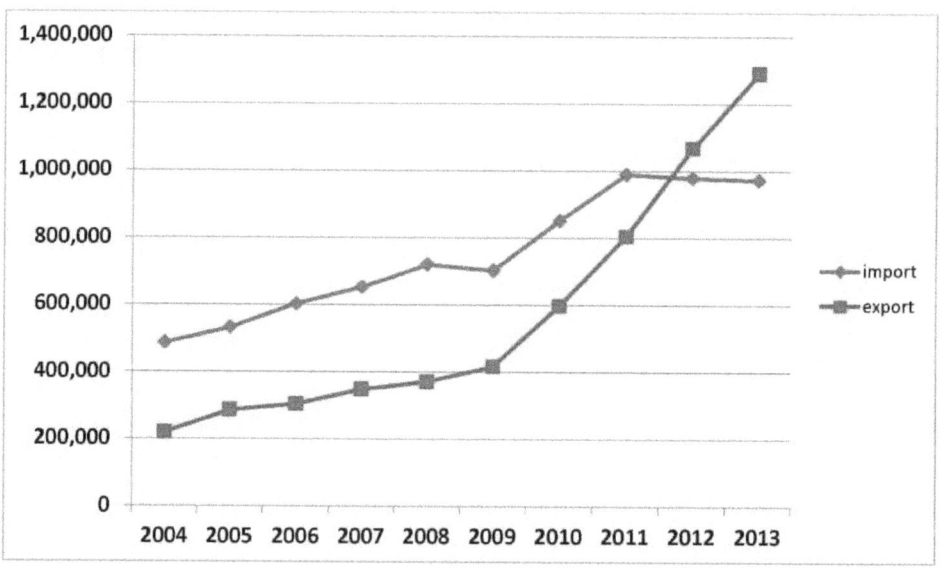

Fonte: Istituto per lo sviluppo dell'industria sanitaria della Corea

Le principali destinazioni di esportazione dei cosmetici coreani sono i Paesi asiatici come Cina, Hong Kong, Giappone, Taiwan e i Paesi del Sud-Est asiatico. La Figura 2 mostra che i primi 10 Paesi di destinazione delle esportazioni occupano il 90% del totale delle esportazioni di cosmetici coreani e tra questi solo gli Stati Uniti e la

Federazione Russa non sono Paesi asiatici. Tra i Paesi del Sud-Est asiatico, Thailandia, Singapore e Malesia figurano tra le prime 10 destinazioni di esportazione.

Figure 2. Esportazione coreana di cosmetici per paese a partire dal 2013

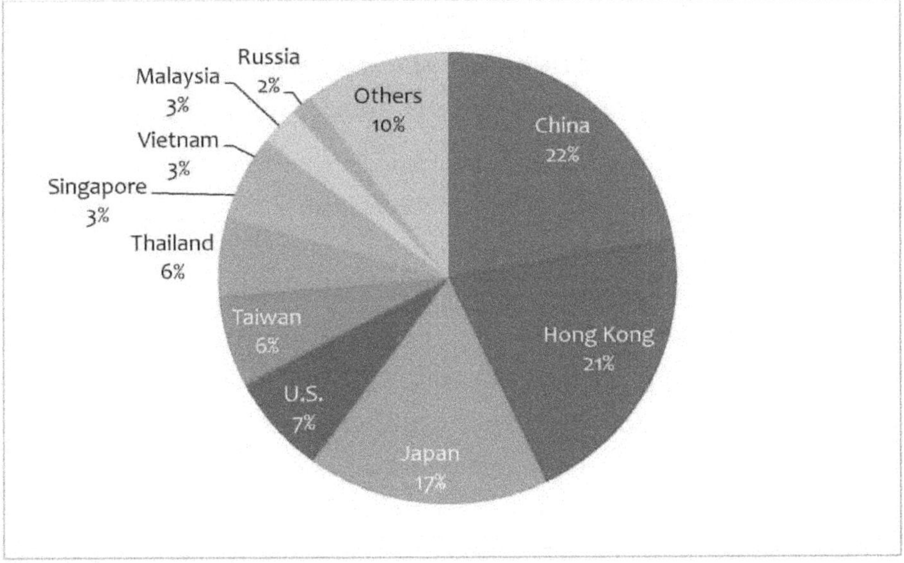

Fonte: Istituto per lo sviluppo dell'industria sanitaria della Corea

Ci possono essere diverse spiegazioni per cui i cosmetici coreani sono preferiti dai popoli asiatici piuttosto che da quelli di altre parti del mondo. In primo luogo, gli sforzi compiuti dalle aziende coreane per soddisfare i consumatori nazionali hanno dato i loro frutti non solo sul mercato interno, ma anche su quello estero. Le donne coreane sono molto attente alla cura della pelle e quindi la maggior parte dello sviluppo dei prodotti delle aziende cosmetiche si concentra sui prodotti per la cura della pelle. La biotecnologia assume un ruolo sempre più importante nella protezione della pelle dall'invecchiamento. Il primo produttore coreano di cosmetici, Amore Pacific Corp, ha istituito un centro di R&S sulle bioscienze nel 2011 e LG Household and Health Care, il secondo produttore di cosmetici, ha stretto una partnership tecnologica con un rinomato ospedale femminile, il Cha Medical Center, per la ricerca sulle cellule staminali (Kang 2012).

Tenendo conto del particolare interesse delle donne coreane per gli ingredienti dei cosmetici, le aziende coreane hanno anche sviluppato prodotti per la cura della pelle

39

a base di ingredienti naturali, biologici e medicinali come il tè verde, il ginseng, la radice di loto sacro e l'estratto di bambù. Sulhwasoo, un marchio di grande successo di Amore Pacific Corp, è noto per la sua fragranza di ginseng e per l'uso di molte erbe e radici medicinali tradizionali. L'interesse per una pelle pulita e chiara non è un'esclusiva delle donne coreane, ma è condiviso dalle donne asiatiche. Ad esempio, anche il marchio giapponese Shiseido ha creato una crema per il viso infusa di erbe sviluppata appositamente per la pelle cinese (Alexander 2011).

In secondo luogo, le donne asiatiche condividono un concetto simile di bellezza e di colore della pelle. In Corea i prodotti per la pelle "sbiancanti" sono popolari perché la pelle bianca è sinonimo di bellezza. La descrizione della pelle di una donna come "bianco giada" è stata un'espressione comune per lodare la sua bellezza sia in Corea che in Cina. Ci sono poesie della dinastia Tang in Cina che descrivono le donne come "bianco giada" e "color crema" (Alexander 2011). Secondo lo studio di Li et al (2008), i significati contemporanei di bianco in Asia sono influenzati dalle ideologie occidentali e dai valori e dalle credenze tradizionali asiatiche. Essi hanno concluso che i prodotti per lo sbiancamento e la schiaritura della pelle non solo promettono di soddisfare il desiderio di una pelle bianca e chiara come via per uno status più elevato, ma danno anche alle donne la possibilità di controllare il proprio corpo e di alterare la natura.

In terzo luogo, poiché la pubblicità e l'immagine del marchio del prodotto sono aspetti critici dell'industria cosmetica, si ritiene che il metodo di marketing delle star delle aziende coreane abbia contribuito notevolmente al successo dei cosmetici coreani nei Paesi asiatici. Ad esempio, Laneige, uno dei rinomati marchi di cosmetici di Amore Pacific Corp, ha stipulato un contratto per la pubblicità del prodotto con l'attrice Song Hye-Kyo nel 2008. L'attrice ha raggiunto la notorietà in Asia grazie alle sue apparizioni in fiction televisive di successo come "Autumn in My Heart" e "Full House" ed è apparsa spesso anche in film cinesi. Inoltre, il numero quattro del mercato coreano dei cosmetici, The Face Shop, ha ottenuto un grande successo anche grazie all'ingaggio dell'attore Bae Yong-joon del popolare dramma televisivo "Winter Sonata" come testimonial.

3. Strategia empirica e dati

3.1 Strategia empirica

Questo lavoro adotta il modello di gravità per l'analisi empirica dell'impatto dell'ondata coreana sulle esportazioni di cosmetici coreani, utilizzando i dati del panel delle esportazioni dal 2005 al 2013. Il modello di gravità è stato ampiamente utilizzato per analizzare l'andamento del commercio internazionale perché ha prodotto alcuni dei risultati più chiari e solidi in economia (Leamer e Levinsohn 1995). Anche se il modello di gravità è stato utilizzato per i dati del commercio bilaterale fin da Tinbergen (1962), è diventato veramente popolare nel lavoro empirico dopo che è stato introdotto il concetto di resistenza multilaterale (Anderson e van Wincoop 2003) e la rivoluzione degli effetti fissi (Feenstra 2004; Redding e Venables 2004) ha iniziato a catturare i termini di resistenza multilaterale. La combinazione di coerenza con la teoria e facilità di implementazione ha portato a una rapida adozione del modello nel lavoro empirico (Head e Mayer 2013).

Con l'inclusione della resistenza multilaterale, Anderson e van Wincoop (2003) ricavano la seguente equazione di gravità del commercio internazionale, teoricamente fondata:

$$x_{ij} = \frac{y_i y_j}{y_w} \left(\frac{\tau_{ij}}{\Pi_i P_j} \right)^{1-\sigma}$$

dove x_{ij} indica le esportazioni dal Paese i al *Paese j*, y_i e y_j sono i PIL di ciascun Paese, τ_{ij} è il costo lordo del commercio bilaterale, $\sigma > 1$ è l'elasticità di sostituzione e Π_i e P_j rappresentano rispettivamente le variabili di resistenza multilaterale del Paese i verso l'esterno e del Paese j verso l'interno.

Come mostrato da Shepherd (2014), prendendo i logaritmi naturali di tutte le variabili, l'equazione di cui sopra può essere trasformata come segue:

$$\log X_{ij} = C + F_i + F_j + (1 - \sigma)[\log \tau_{ij}]$$
$$C = -\log Y$$
$$F_i = \log Y_i - \log \Pi_i$$
$$F_j = \log Y_j - \log P_j$$
$$\log \tau_{ij} = \log Dist_{ij} + \log Culture_{ij} + FTA_{ij}$$

Il primo termine, C, è uguale al PIL mondiale, ma ai fini della stima può essere un coefficiente perché è costante per tutti gli esportatori e gli importatori. Il termine successivo, F_i, indica una serie completa di effetti fissi degli esportatori. Il termine $\log\tau_{ij}$ è la somma di variabili di costo come la distanza, la vicinanza culturale e gli accordi di libero scambio tra il Paese i e il Paese j. Per analizzare l'impatto dell'ondata coreana sulle esportazioni di cosmetici coreani, adottando e modificando le equazioni di cui sopra, questo studio stima il seguente modello econometrico:

$$lnX_{kjt} = \beta_0 + \beta_1 lnGDP_{kt} + \beta_2 lnGDP_{jt} + \beta_3 lnDist_{kj} + \beta_4 lnTrends_{jt} + \beta_5 FTA_{kjt}$$
$$+\beta_6 \ln R \& D_{kt} + \gamma_j + \delta_t + \varepsilon_{kjt}$$

dove k indica il Paese di esportazione (Corea), j il Paese di importazione e t è il tempo; ln denota i logaritmi naturali; X_{kjt} è il flusso di esportazioni di cosmetici coreani verso il Paese j nel periodo t; GDP_{kt} e GDP_{jt} sono i PIL rispettivamente della Corea e dei Paesi di importazione; $Dist_{kj}$ è la distanza geografica tra la Corea e i Paesi di importazione; $Trends_{jt}$ sono le query di ricerca di Google Trends con la parola chiave "dramma coreano" nei Paesi di importazione come variabile proxy per i legami culturali tra le due parti. FTA_{kjt} è una variabile dummy che indica la presenza di accordi di libero scambio tra la Corea e i Paesi importatori. $R\&D_{kt}$ è l'investimento dell'industria cosmetica coreana in ricerca e sviluppo. γ_j e δ_t sono rispettivamente gli effetti fissi del Paese di importazione e dell'anno e ε_{kjt} è un termine di disturbo.

3.2 Dati

Lo studio analizza i dati sulle esportazioni coreane di cosmetici verso 74 Paesi nel periodo compreso tra il 2005 e il 2013, raccolti dal Korea Customs Service (http://www.customs.go.kr). Secondo i codici del Sistema Armonizzato (Codice SA), i cosmetici rientrano nella categoria 33 descritta come "Oli essenziali e resinoidi; prodotti per profumeria, cosmetici o da toletta". Anche se la categoria a due cifre può essere ulteriormente suddivisa in elenchi di prodotti più specifici, il presente studio sceglie i dati delle esportazioni coreane di cosmetici basandosi sul codice HS 33.

Tabella 2. Esportazioni coreane di cosmetici negli anni selezionati (Codice HS 33)

(Unità: migliaia di dollari)

Paese	2005	2007	2009	2011	2013
Cina	71,837	101,354	127,057	217,027	315,788
Hong Kong	29,804	31,373	45,484	97,328	214,668
Giappone	39,288	42,092	86,560	139,560	159,032
STATI UNITI	34,954	35,795	43,078	66,847	107,117
Taiwan	33,686	30,381	34,840	68,566	94,809
Thailandia	2,739	4,148	13,974	61,945	77,889
Vietnam	9,812	11,448	15,944	32,273	42,452
Malesia	4,783	8,631	13,186	23,895	41,459
Singapore	15,311	15,788	16,583	33,107	41,144
Russia	4,632	5,230	4,765	9,966	25,918
Australia	5,084	4,375	5,967	8,908	15,509
Mongolia	5,485	7,162	6,391	10,484	13,021
Indonesia	842	837	1,527	9,044	11,664
Filippine	612	2,200	2,156	6,945	11,145
REGNO UNITO	3,284	3,953	4,359	5,819	10,658
Iran	6,661	8,000	8,925	15,093	9,177
EMIRATI ARABI UNITI	3,007	4,165	5,036	4,968	8,931
Canada	4,081	2,839	2,438	3667	7,560
Myanmar	274	204	2,167	2447	5,100
Francia	2,297	2,131	1,983	5997	5,034

sub totale	278,473	322,106	442,420	823,886	1,218,075
altri	16,431	19,001	22,063	36,989	58,902
totale	294,904	341,107	464,483	860,875	1,276,977

Fonte: Servizio doganale della Corea

Come si evince dalla tabella 2, nel periodo di otto anni le esportazioni coreane di cosmetici sono cresciute di oltre 4 volte e i maggiori importatori sono Cina, Hong Kong e Giappone. Particolarmente degna di nota è la crescita esplosiva delle esportazioni verso la Thailandia. Nel 2005 il valore delle importazioni di cosmetici coreani in Thailandia era di soli 2,7 milioni di dollari, cifra che è cresciuta fino a 61,9 milioni di dollari nel 2013, con un aumento di 23 volte, facendo della Thailandia il 6th maggior importatore di cosmetici coreani. In misura minore, ma comunque notevole, sono gli aumenti delle importazioni di altri Paesi del Sud-Est asiatico. Nello stesso periodo, le esportazioni di cosmetici coreani nelle Filippine sono aumentate di 11,3 volte, in Indonesia di 10,7 volte e in Malesia di 5 volte.

Questo studio adotta i dati delle ricerche di Google Trends come variabile proxy dell'affinità culturale tra la Corea e i suoi partner commerciali. Le informazioni sull'andamento delle ricerche su Google nel tempo in un determinato Paese sono disponibili su Google Trends (http://www.google.com/trends). Google Trends non riporta il livello grezzo delle query per un determinato termine di ricerca, ma riporta invece un indice di query, ossia il volume di ricerca relativo in quella regione in un determinato momento. L'indice delle query parte da 0 il 1° gennaio 2004 e i numeri delle date successive indicano la deviazione percentuale dalla quota di query del 1° gennaio 2004 (Choi e Varian 2009).

La parola chiave di ricerca per questo studio è "dramma coreano" nei periodi dal 2005 al 2013 in Google Trends perché questo termine può catturare gli aspetti più importanti dell'ondata coreana nel mondo. I drammi televisivi incarnano tratti culturali ricchi come le relazioni familiari, l'interazione sociale, la storia, le ultime tendenze, il cibo e la moda (Park 2014).

La Figura 3 mostra il confronto della popolarità di Google Trends tra i drammi coreani, giapponesi e cinesi nei periodi 2004-2014, dove l'unità verticale è l'indice di ricerca che parte da 0 e arriva a 100. Dal grafico è evidente che la popolarità dei drammi coreani rispetto a quelli giapponesi e cinesi è aumentata notevolmente nel corso del tempo.

Figura 3. Confronto Google Trends per parole chiave: 2004 - 2014

(Unità: Indice di ricerca Google)

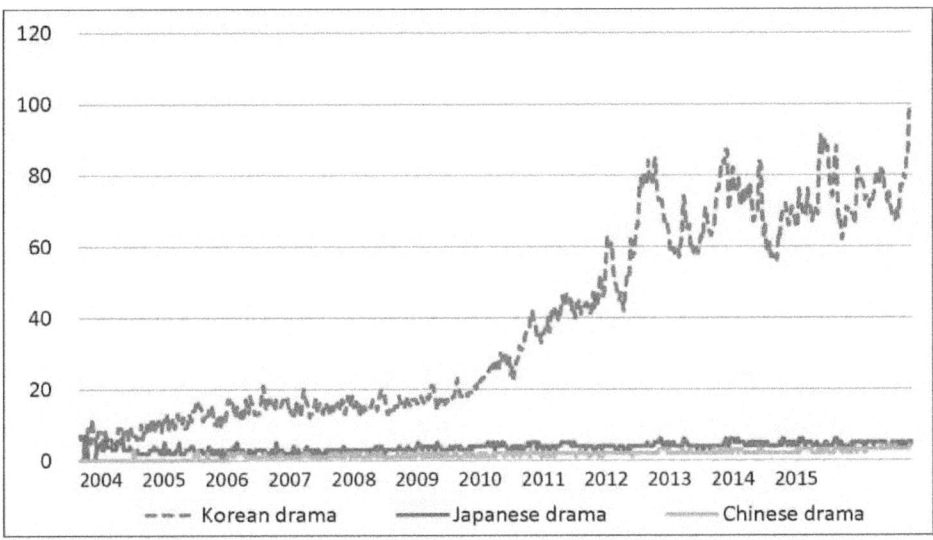

Source: Google Trends

L'adozione dei dati di Google Trends come variabile proxy dell'affinità culturale in questo studio presenta diversi vantaggi. In primo luogo, poiché Google è diventato un motore di ricerca generale mainstream a partire dall'ultimo decennio, le informazioni accumulate sulle query possono rivelare il livello di gusti e preferenze di ciascun individuo in un determinato periodo in una specifica regione. Con il miglioramento delle infrastrutture delle tecnologie dell'informazione e della comunicazione (TIC) e l'aumento del numero di utenti di Internet in tutto il mondo nell'ultimo decennio, il termine "Big data" è diventato di recente un nome familiare.

In secondo luogo, mentre i dati disponibili sul commercio dei beni culturali sono limitati a un numero relativamente piccolo di Paesi, i dati di Google Trends possono coprire vaste regioni. In terzo luogo, per quanto ne sa l'autore di questo studio, non c'è stato alcun tentativo di utilizzare i dati delle query di Google Trends come variabile proxy dell'affinità culturale nel campo del commercio internazionale.

I dati dell'indice delle query di Google Trends sono disponibili su base settimanale,

45

ad eccezione di alcuni Paesi. Per semplicità e comodità di confronto con altri dati annuali, questo studio combina tutti i dati settimanali dell'indice e li trasforma in dati annuali.

La Tabella 3 mostra la statistica descrittiva in cui il numero totale di variabili osservate è di 666, ad eccezione di Trends con 278 variabili osservate. Poiché le condizioni di adozione e di utilizzo del motore di ricerca Google sono diverse in ogni Paese, i dati dell'indice Trends dei primi anni in alcuni Paesi non sono semplicemente disponibili. Le informazioni sulla distanza, misurata in chilometri, tra Seul, la capitale coreana, e le capitali dei Paesi importatori provengono da timeanddate.com (http://www.timeanddate.com).

Tabella 3. Descrizione dei dati

Variabile	Osservazione.	Media	Dev. std.	Min.	Max.
Esportazione	666	8685.8	30093.9	0	336795
Tendenze	278	1446.0	1092.2	0	4236
Distanza	666	7718.4	3824.8	956	19435
PILk	666	1084.5	134.8	898	1305
PILj	666	798.8	1968.4	3	16768
FTA	666	0.2432	0.4293	0	1
R&S	666	168.2	66.7	66	274

I dati del PIL, misurati in miliardi di dollari, provengono dai World Development Indicators. Le informazioni sull'FTA, una variabile dummy che indica la presenza di FTA tra la Corea e i partner commerciali, provengono dal Servizio doganale della Corea. I dati di R&S, la spesa totale in R&S dell'industria cosmetica da parte di aziende pubbliche e private, misurata in miliardi di won coreani, provengono dal Korean Health Industry Statistics System (http://khiss.go.kr).

4. Risultati della stima

4.1 Risultati di base

I risultati dei pooled OLS, degli effetti casuali, degli effetti fissi e dello stimatore della pseudomassima verosimiglianza di Poisson (PPML) per l'analisi dei dati panel sono riportati nella Tabella 4. L'OLS (1) non include gli effetti fissi delle dummies del Paese di importazione e dell'anno, mentre l'OLS (2) li include tutti. I risultati mostrano che OLS (2) con R aggiustato^2 0,9818 è uno stimatore coerente con la teoria e molto migliore di OLS (1) con R aggiustato^2 0,6675.

I risultati complessivi di diversi stimatori confermano che, in linea con l'ipotesi del modello gravitazionale, la variabile dipendente è correlata positivamente con i PIL della Corea e dei suoi partner commerciali e negativamente con la distanza geografica. Gli investimenti coreani in R&S nell'industria cosmetica non mostrano alcuna significatività in generale e, nella maggior parte dei casi, mostrano addirittura relazioni negative.

Il risultato può essere interpretato come un periodo di tempo relativamente lungo per raccogliere i frutti dell'investimento in R&S. La variabile FTA indica chiaramente la significatività statistica nella maggior parte degli stimatori, ad eccezione dello stimatore OLS senza effetti fissi.

Tabella 4. Variabile dipendente: Log export (OLS, RE, FE), export (PPML)

Variabile	OLS(1)	OLS(2)	RE	FE	PPML
Ln PILk	-1.2602 (0.9193)	1.7711** (0.7465)	1.5540*** (0.3871)	1.2976*** (0.4200)	2.8882*** (0.8762)
Ln PILj	0.7351*** (0.0545)	1.3908*** (0.2481)	0.8703*** (0.0924)	1.3840*** (0.2532)	0.0885 (0.3236)
Distanza Ln	-2.2835*** (0.1269)	-5.5608*** (0.5610)	-2.4351*** (0.2456)		-3.3946*** (0.5297)
Tendenze Ln	0.4953*** (0.0629)	0.0013 (0.0418)	0.1089*** (0.0372)	0.0790** (0.0369)	0.0393 (0.0527)
FTA	-0.0388 (0.1726)	0.3326*** (0.1251)	0.2142* (0.1142)	0.2551** (0.1174)	0.3113*** (0.1136)
Ln R&S	-0.8395** (0.3497)	-0.2374 (0.2175)	0.0450 (0.1206)	-0.0542 (0.1318)	-0.1472 (0.2574)
Costanti	33.0793	36.1557	11.3130	-10.2506	15.1225

	(5.7707)	(7.1118)	(3.2624)	(2.4797)	(6.6898)
Effetti fissi dell'importatore	No	Sì	No	No	Sì
Effetti fissi dell'anno	No	Sì	No	No	Sì
Osservazioni	274	274	274	274	277
R rettificato²	0.6675	0.9818	0.6011	0.2194	0.9515

*,**,*** indicano rispettivamente la significatività statistica ai livelli del 90, 95 e 99%.

Google Trends, come variabile proxy dell'affinità culturale, mostra una correlazione significativa in OLS (1), effetti casuali ed effetti fissi. Tuttavia, gli effetti fissi teoricamente coerenti trattati OLS (2) e PPML non mostrano alcun segno di correlazione. Il risultato implica che l'ondata coreana non è molto rilevante quando si tratta dell'esportazione coreana di prodotti parzialmente sostituiti come i cosmetici nei Paesi di tutto il mondo. L'onda coreana, anche se di recente un maggior numero di persone nel mondo ha riconosciuto il fenomeno, è ancora principalmente nel dominio degli episodi asiatici.

4.2 Differenziazione regionale

Mentre la precedente analisi dei dati riguarda le esportazioni coreane di cosmetici verso 74 Paesi nel periodo 2005-2013, questa sezione concentra l'analisi sulle esportazioni verso 9 Paesi ASEAN negli stessi periodi. Tra i 10 Paesi membri dell'ASEAN, il Laos è stato escluso perché non sono disponibili i dati di Google Trends relativi al Paese nel periodo specificato. Il motivo principale per cui sono stati scelti i Paesi dell'ASEAN per l'analisi è che la regione del Sud-Est asiatico è quella in cui l'ondata coreana è stata più evidente e l'uso di Internet, compresi i social network, è cresciuto rapidamente nel corso degli anni.

La Tabella 5 mostra i risultati delle stime per le esportazioni coreane di cosmetici verso 9 Paesi membri dell'ASEAN. Come nel caso dell'analisi di base, vengono confrontati gli stimatori Pooled OLS, Pooled OLS con effetti fissi, effetti casuali, effetti fissi e PPML. Nel caso della stima PPML, le due variabili della distanza e del PIL coreano sono state eliminate per garantire l'esistenza delle stime.

I PIL dei Paesi ASEAN indicano chiaramente una relazione positiva e forte con le esportazioni coreane di cosmetici, mentre il PIL della Corea mostra significati misti a seconda di ogni stimatore. I risultati possono essere interpretati nel senso che, per quanto riguarda le esportazioni coreane di cosmetici nei Paesi ASEAN, le condizioni della domanda dei Paesi importatori giocano un ruolo più importante rispetto alle condizioni dei fattori dei Paesi esportatori.

Tabella 5. Variabile dipendente:

Log delle esportazioni ASEAN (OLS, RE, FE), esportazioni ASEAN (PPML)

Variabile	OLS(1)	OLS(2)	RE	FE	PPML
Ln $_{PILk}$	1.7112 (1.4261)	0.6541 (1.6366)	1.7126*** (0.5771)	1.4464** (0.6831)	
Ln $_{PILj}$	0.6821*** (0.1233)	1.7977** (0.7022)	1.0305*** (0.3057)	1.3457*** (0.5014)	1.0801 (1.2553)
Distanza Ln	-0.1943 (0.5858)	-8.8183 (10.9982)	-1.1820 (2.3443)		
Tendenze Ln	0.5728*** (0.1297)	0.1423* (0.0775)	0.3123*** (0.0646)	0.3027*** (0.0679)	0.1759*** (0.0622)
FTA	-0.6208 (0.5333)	0.5339** (0.2094)	-0.1327 (0.1939)	-0.1458 (0.2028)	0.7283*** (0.1290)
Ln R&S	0.5424 (0.6129)	-0.3699 (0.4306)	0.3242 (0.2340)	0.2043 (0.2844)	-0.4149 (0.8946)
Costanti	-11.3957 (9.7555)	70.3290 (99.6936)	-2.3021 (19.8651)	-11.2496 (3.6903)	4.3147 (3.7664)
Effetti fissi dell'importatore	No	Sì	No	No	Sì
Effetti fissi dell'anno	No	Sì	No	No	Sì
Osservazioni	57	57	57	57	57
R rettificato^2	0.5557	0.9708	0.4805	0.4261	0.9824

*, **, *** indicano rispettivamente la significatività statistica ai livelli del 90, 95 e 99%.

La variabile della distanza mostra un segno negativo, come previsto, ma non indica alcuna importanza statistica. Il motivo di questo risultato può essere facilmente dedotto: tutti i Paesi ASEAN analizzati sono geograficamente concentrati nella stessa regione e quindi la differenziazione delle distanze è un compito piuttosto difficile.

La variabile FTA mostra un pattern incoerente di segni e significatività statistica a seconda di ogni stimatore considerato. Ci possono essere diverse spiegazioni per cui gli effetti degli accordi di libero scambio non si concretizzano nelle esportazioni coreane di cosmetici verso il mercato ASEAN.

In primo luogo, l'utilizzo di una variabile dummy è un metodo di misurazione piuttosto rozzo in questo caso. Quando i partner commerciali stipulano accordi di libero scambio, le aliquote tariffarie di alcuni prodotti diminuiscono immediatamente, ma in altre linee di prodotti le aliquote tariffarie diminuiscono gradualmente nel corso degli anni, secondo il calendario concordato. Pertanto, la variabile dummy non può riflettere gli effetti della graduale diminuzione delle aliquote tariffarie nel corso degli anni.

In secondo luogo, ogni partner dell'FTA ha politiche commerciali e condizioni di mercato diverse. È possibile che alcuni Paesi, anche prima di stipulare un ALS, abbiano già mantenuto tariffe zero per le linee di prodotti cosmetici. In questo caso, l'avvio di un nuovo ALS non influisce sul volume degli scambi di cosmetici. Pertanto, la variabile dummy FTA non può rappresentare appieno lo stato di apertura del mercato dell'industria specifica nei Paesi importatori e quindi il risultato potrebbe essere interpretato tenendo conto di questa cautela.

La caratteristica più evidente dell'analisi è il risultato costantemente positivo e significativo della variabile Google Trends in tutti gli stimatori. È evidente dai risultati che l'interesse delle persone del Sud-Est asiatico per i contenuti culturali coreani influisce sul loro comportamento di acquisto di cosmetici coreani, a differenza delle persone di altre parti del mondo.

Per assicurarsi che non vi sia una causalità inversa dei risultati di cui sopra, viene condotto anche il test di Hausman. L'idea generale del test di Hausman è il confronto di due stimatori: uno stimatore che è noto per essere coerente con un altro che è efficiente sotto l'ipotesi. Questo studio verifica se gli stimatori a effetti fissi e a effetti casuali sono significativamente diversi. Il risultato del test mostra che il chi-quadro (χ^2) è pari a 1,35 con 5 gradi di libertà, e quindi l'ipotesi iniziale che le variabili siano adeguatamente modellate da un modello a effetti casuali non può essere rifiutata.

5. Conclusioni

Questo studio utilizza una nuova variabile per presentare alcune delle prime prove sugli effetti di creazione di scambi commerciali dell'ondata coreana sull'industria cosmetica. L'adozione della query di ricerca di Google Trends come variabile proxy dell'affinità culturale è un approccio nobile. Poiché un numero crescente di persone in tutto il mondo utilizza Internet per la ricerca di informazioni o per l'intrattenimento, l'analisi delle query di ricerca del sito web più popolare, Google, in relazione all'affinità culturale sembra un compito appropriato e tempestivo nel campo del commercio internazionale. Il grande vantaggio di utilizzare le tendenze di Google come variabile proxy è che i dati riflettono i modelli mutevoli del comportamento di ricerca degli utenti, mentre altre variabili proxy in generale sono invarianti nel tempo.

Utilizzando il modello di gravità, questo studio ha analizzato in primo luogo i dati dell'esportazione di cosmetici coreani in 74 Paesi del mondo. Mentre le dimensioni economiche della Corea e dei Paesi importatori, la distanza geografica e la presenza di accordi di libero scambio mostrano una rilevanza statistica, la ricerca su Google Trends di "dramma coreano" non rivela una chiara correlazione con l'esportazione di cosmetici coreani. Quando i Paesi di destinazione delle esportazioni sono stati ristretti a 9 Paesi membri dell'ASEAN, i risultati mostrano una forte evidenza che l'onda coreana porta effettivamente all'esportazione di cosmetici coreani.

Dallo studio si possono trarre diverse implicazioni. In primo luogo, oltre alle tradizionali variabili proxy utilizzate nel modello di gravità per l'affinità culturale, come le lingue comuni, l'esperienza coloniale e i legami etnici, i dati delle query di Google trends possono diventare un'altra importante variabile proxy.

In secondo luogo, il contributo dell'ondata coreana all'esportazione di cosmetici coreani è evidente nei Paesi asiatici, ma non è chiaro in altre parti del mondo in generale. Poiché l'ondata coreana è cresciuta molto soprattutto nei Paesi asiatici e anche l'esportazione di cosmetici in questa regione è aumentata notevolmente, il risultato è coerente con l'ipotesi generale.

In terzo luogo, gli accordi di libero scambio della Corea con molti Paesi hanno dato i loro frutti nell'industria cosmetica. Mentre l'ondata coreana ha contribuito notevolmente all'aumento dei consumi nel mercato asiatico, gli accordi di libero scambio sono un fattore più importante per l'esportazione di cosmetici nel mercato mondiale.

Infine, oltre al metodo di marketing delle star, le aziende cosmetiche coreane possono puntare maggiormente sulla pubblicità attraverso i social network come Facebook, Instagram e Line, dato che i contenuti culturali sono sempre più condivisi in questo modo da persone di tutto il mondo.

Ulteriori ricerche potrebbero estendere il metodo e i risultati dello studio. In particolare, oltre all'industria cosmetica oggetto di questo studio, si possono esaminare altri settori utilizzando i proxy di Google Trends. Inoltre, oltre a "dramma coreano", si possono testare altre parole chiave di Google Trends per trovare il termine più appropriato in base ai temi e agli scopi della ricerca.

Appendice: Elenco dei paesi utilizzati nell'analisi

Argentina	Hong Kong	Pakistan
Australia	Ungheria	Filippine
Austria	India	Polonia
Azerbaigian	Indonesia	Portogallo
Bahrain	Iran	Porto Rico
Bangladesh	Irlanda	Qatar
Belgio	Israele	Romania
Brasile	Italia	Russia
Brunei	Giappone	Arabia Saudita
Bulgaria	Giordania	Singapore
Cambogia	Kazakistan	Repubblica Slovacca
Canada	Kuwait	Sudafrica
Cile	Libano	Spagna

Cina	Lituania	Sri Lanka
Colombia	Macao	Svezia
Cipro	Malesia	Svizzera
Repubblica Ceca	Messico	Taiwan
Danimarca	Mongolia	Thailandia
Ecuador	Marocco	Turchia
Egitto	Myanmar	EMIRATI ARABI UNITI
Estonia	Nepal	REGNO UNITO
Finlandia	Paesi Bassi	Ucraina
Francia	Nuova Zelanda	Stati Uniti
Germania	Nigeria	Vietnam
Grecia	Norvegia	

IV. Cultura, distanza e turismo: Un caso di turismo outbound coreano

Questa sezione stima le determinanti del turismo outbound coreano applicando un modello di gravità a 53 Paesi di destinazione nell'arco di 9 anni. I risultati mostrano che il modello di gravità spiega i flussi turistici coreani con la stessa efficacia con cui spiega i flussi commerciali. I flussi turistici rispondono fortemente alle differenze di prezzo tra la Corea e i Paesi di destinazione e la presenza di voli diretti mostra un segno positivo con significatività statistica. Se si dividono i Paesi di destinazione in due gruppi, OCSE e altri, i turisti coreani sono meno sensibili ai prezzi dei viaggi verso i Paesi OCSE rispetto a quelli verso gli altri Paesi. L'importanza del fattore distanza nel turismo coreano all'estero continua ed è aumentata nel corso degli anni.

1. Introduzione

L'industria del turismo è diventata uno dei settori economici più grandi e in più rapida crescita, per cui ogni Paese è in forte competizione per attirare i turisti stranieri. Secondo l'Organizzazione Mondiale del Turismo delle Nazioni Unite (UNWTO), nel 2013 il numero di turisti mondiali è aumentato del 5% rispetto all'anno precedente, raggiungendo i 1087 milioni, nonostante l'instabilità dell'economia mondiale e i disastri di ogni tipo, come tifoni e terremoti. Inoltre, l'UNWTO stima che l'ammontare degli introiti del turismo internazionale nel 2013 sia di 1.100 miliardi di dollari, quasi equivalente al PIL della Corea del Sud nello stesso anno.

Data l'importanza dell'industria turistica per l'economia globale, è naturale esaminare le determinanti dei flussi turistici e il loro impatto economico. Una piccola ricerca sulla letteratura correlata rivela che la maggior parte degli studi condotti sulla relazione causale tra turismo e crescita economica riguarda i principali Paesi di destinazione turistica come la Spagna (Balaguer e Cantavella-Jorda 2002), la Grecia (Dritsakis 2004), la Turchia (Gunduz e Hatemi-J 2005) e Cipro (Katircioglu 2009) o i Paesi meno sviluppati con un potenziale di crescita indotto dal turismo, come i Paesi africani (Fayissa *et al* 2007) e i Paesi dell'America Latina (Eugenio-Martin *et al* 2004; Brida *et al* 2010).

Gli studi sulle determinanti dei flussi turistici sono ancora più numerosi e diversi. Lim (1999) ha analizzato 100 studi empirici precedentemente pubblicati sulla domanda turistica internazionale, mentre Song e Li (2008) hanno esaminato gli studi pubblicati sulla modellazione e la previsione della domanda turistica a partire dal 2000. Utilizzando dati completi sul turismo internazionale con l'approccio del modello di gravità, Culiuc (2014) ha scoperto che il modello e le determinanti dei flussi turistici internazionali sono quasi identici a quelli dei flussi commerciali internazionali.

Mentre la maggior parte degli studi di caso sul turismo internazionale si concentra sul turismo in entrata, il numero di studi sul turismo in uscita è scarso. Uno dei motivi potrebbe essere lo stretto legame tra i risultati dei casi di studio e le loro implementazioni politiche. Gli studi sul turismo inbound possono produrre facilmente utili approfondimenti e implicazioni politiche, mentre gli studi sul turismo outbound hanno più difficoltà a trovare un utilizzo pratico. Un altro motivo per cui i casi di studio sul turismo in uscita sono scarsi è che i dati sui turisti in uscita sono più difficili da ottenere rispetto a quelli sui turisti in entrata. Ad esempio, il governo sudcoreano ha smesso del tutto di raccogliere informazioni sui turisti in uscita dal 2006.

Con queste premesse, il presente studio cerca di analizzare le determinanti del turismo outbound sudcoreano, con particolare attenzione al fattore distanza tra la Corea del Sud e i Paesi di destinazione. Poiché la Corea del Sud è stata in deficit cronico della bilancia dei pagamenti del turismo negli ultimi tre decenni, un'analisi seria del turismo outbound sudcoreano sembra necessaria e opportuna sia in termini di curiosità intellettuale che di implicazioni politiche.

Anche in questo ristretto ambito di ricerca si possono citare alcuni studi precedenti. Lim (2004) ha analizzato i modelli stagionali degli arrivi di turisti dalla Corea del Sud all'Australia utilizzando la modellazione delle serie temporali. Lim ha rilevato che la domanda di turismo internazionale da parte della Corea del Sud è sia elastica rispetto al reddito che al prezzo. Mo (2004) ha utilizzato il modello di volatilità GARCH per verificare se la volatilità del tasso di cambio indebolisse la domanda turistica internazionale della Corea del Sud e ha dimostrato che la volatilità del tasso di cambio aveva un effetto negativo sulla domanda turistica. Seo et al. (2010) hanno analizzato le relazioni della domanda di turismo outbound della Corea del Sud tra sette Paesi utilizzando il metodo della causalità di Granger. I loro risultati dimostrano che le destinazioni outbound più gettonate dai sudcoreani hanno relazioni causali unidirezionali o multidirezionali.

Le caratteristiche uniche di questo studio, che si differenziano da quelli precedenti o da altri studi sul turismo outbound sudcoreano, sono le seguenti: in primo luogo, l'utilizzo di dati completi che comprendono 53 Paesi di destinazione per un periodo di 9 anni; in secondo luogo, l'adozione del modello gravitazionale dal regno del commercio internazionale; in terzo luogo, un'attenzione particolare al cambiamento dell'importanza del fattore distanza nel tempo; infine, una considerazione speciale dei problemi di selezione dei dati.

Il documento rileva che anche il turismo outbound coreano segue un modello simile a quello dell'analisi del modello di gravità del commercio internazionale. La variabile PIL mostra relazioni positive con il numero di turisti, mentre la variabile distanza mostra forti relazioni negative, come previsto. Anche le analisi di altre variabili, come le esportazioni coreane nei Paesi di destinazione, il prezzo relativo e la presenza di voli diretti, forniscono utili indicazioni.

La struttura di questo studio è costruita come segue. La sezione successiva descrive il turismo outbound coreano e i dati rilevanti. La sezione 3 illustra la metodologia empirica dello studio. La sezione 4 discute i risultati empirici e l'ultima sezione conclude.

2. Dati

Il 1989 è stato un anno speciale per l'industria turistica coreana, perché nello stesso anno il governo coreano ha completamente allentato le restrizioni ai viaggi di piacere all'estero. Il numero di turisti coreani in partenza è aumentato del 67,3% nel 1989, superando per la prima volta il milione. Il numero è aumentato costantemente nel corso degli anni, superando i cinque milioni nel 2000 e i dieci milioni nel 2005. Dopo il 1995, il numero di viaggiatori coreani in uscita ha superato quello dei viaggiatori stranieri in entrata, ad eccezione dei periodi di crisi finanziaria asiatica del 1998-1999.

Per quanto riguarda le entrate turistiche, i dati mostrano un andamento simile. La Corea è stata in deficit cronico dal 1982 a oggi, con una breve eccezione di periodi 19982000. Secondo i dati dell'UNWTO, la Corea è al 14th posto in termini di spesa turistica con 21,7 miliardi di dollari e al 22nd posto in termini di entrate turistiche con 14,3 miliardi di dollari nel 2013.

Figure 1.   **Turisti coreani in entrata e in uscita: 2004-2013**

(unità: migliaia di persone)

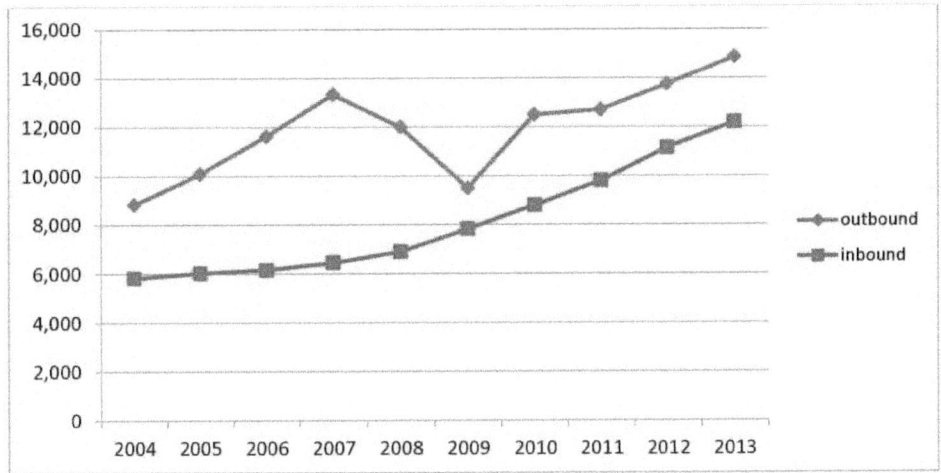

Fonte: Organizzazione del turismo della Corea

Figure 2.   **Bilancia dei pagamenti coreana nel turismo**

(unità: milioni di dollari)

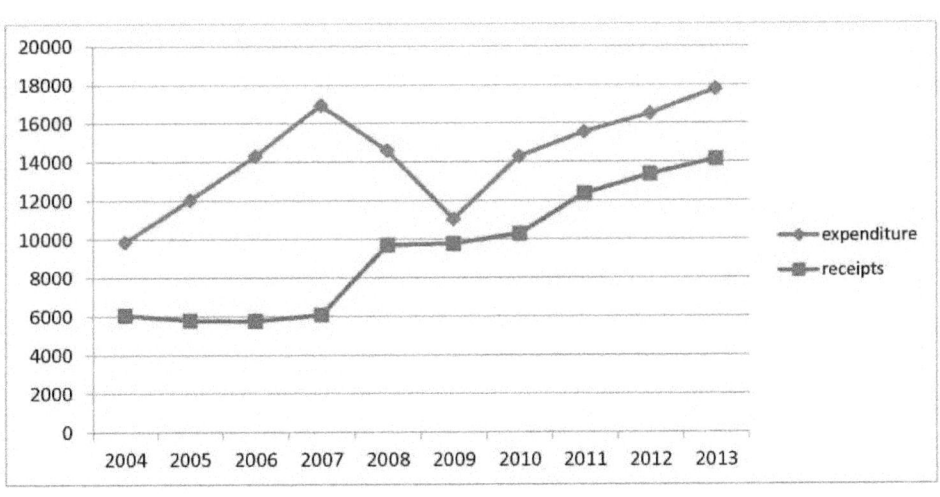

Fonte: Organizzazione del turismo della Corea

I grafici 1 e 2 mostrano l'andamento del turismo coreano in termini di numero di turisti e di bilancia dei pagamenti nei periodi 2004-2013. Il forte calo del turismo outbound coreano nel periodo 2008-2009 è dovuto principalmente alla crisi finanziaria mondiale e alla svalutazione della moneta coreana.

Il governo coreano ha smesso di raccogliere le informazioni sui turisti in uscita nel 2006, quindi i dati sui turisti coreani in uscita provengono solo dai Paesi di destinazione. Quando i Paesi di destinazione raccolgono le informazioni sui turisti in entrata, non esiste un metodo di misurazione uniforme, equivalente allo sdoganamento dei manufatti. Alcuni paesi misurano gli arrivi dei turisti alla frontiera, mentre altri misurano gli arrivi in albergo. Le pratiche dei Paesi differiscono anche per quanto riguarda la determinazione dell'origine dei turisti; alcuni Paesi riportano gli arrivi alla frontiera per nazionalità e altri per residenza. La difficoltà di acquisire informazioni turistiche accurate è aggravata anche dal fatto che la maggior parte dei Paesi, quando pubblica i dati sugli arrivi turistici, presta attenzione ai Paesi con un numero elevato di turisti, ma ignora quelli con un numero ridotto di turisti.

Nonostante la difficoltà di acquisire dati completi sul turismo, questo studio analizza i dati del panel dei turisti coreani in uscita forniti dalla Korea Tourism Organization, che comprendono 53 Paesi di destinazione durante i periodi 20042012. Viene fatta una distinzione tra gli arrivi di turisti nei Paesi OCSE e negli altri Paesi. Questo per cogliere le differenze nei modelli di domanda tra i due gruppi di destinazione.

Per quanto riguarda i prezzi relativi, come è comune negli studi sulla domanda turistica, questo studio utilizza l'indice dei prezzi al consumo (CPI) dei Paesi di destinazione rispetto a quello dei Paesi di origine, aggiustato dal relativo tasso di cambio, come proxy per le differenze di prezzo (Naude e Saayman 2005). La formula può essere espressa come segue,

$$\Pr ice_{od} = Exchange \frac{CPI_d}{CPI_o}$$

dove o sta per il Paese di origine e d per il Paese di destinazione.

La variabile distanza rappresenta i costi di viaggio. Poiché la distanza non misura le variazioni dei costi di viaggio nel tempo, nelle specifiche sono state inserite delle dummy anno. Questo studio misura anche l'impatto della distanza sul turismo nel tempo, confrontando il turismo dei primi anni (2004-2006) con quello degli anni successivi (2010-2012). L'esportazione coreana di beni verso i Paesi di destinazione può indicare i viaggi d'affari.

La tabella 1 riporta la descrizione dei dati relativi a ciascuna variabile. I dati macroeconomici come il PIL, l'IPC, i tassi di cambio, il volume degli scambi e il tasso di omicidi intenzionali provengono dai World Development Indicators. I dati sulle esportazioni coreane verso i Paesi di destinazione provengono dalla Korea International Trade Association (www.kita.net). I dati sulla distanza in chilometri tra la capitale coreana, Seoul, e le capitali dei Paesi di destinazione provengono dal sito web Mapcrow (www.mapcrow.info).

Viene introdotta anche la presenza di voli diretti tra la Corea e i Paesi di destinazione, una variabile dummy a gravità non standard, perché si è riscontrato che i collegamenti aerei diretti hanno un impatto positivo sul numero di arrivi turistici (Fuji et al. 1992; Tveteras e Roll 2011). I dati sulla presenza di voli diretti provengono dalla Korea Airports Corporation (www.airport.co.kr). Le variabili usuali che compaiono nella maggior parte degli studi sul commercio internazionale, come gli accordi di libero scambio, la lingua comune, la colonia, i confini comuni e la mancanza di sbocco sul mare, sono state escluse perché questo studio si occupa dei flussi turistici unilaterali dalla Corea e quindi le suddette variabili non sono rilevanti in questo caso.

Tabella 1. Descrizione dei dati

Variabili	Osservazione	Media	Dev. std.	Min.	Max.
Turismo (numero di turisti)	389	285,432.4	671,518	0	4,776,752
PILot (importo in dollari)	477	1,022,778	142,183.4	765,000	1,220,000
PILdt (importo in dollari)	477	790,157.3	2,198,658	240	16,200,000
Distanza (km)	477	8,079.1	4,275.9	371.27	18,341.4
Esportazione (milioni di dollari)	477	5,873	15,047.8	2	134,323
Prezzo	458	440.1	580.3	0.03	2,511.26
Compagnia aerea$_{odt}$	477	0.49	0.50	0	1
Aprire	477	21.51	148.91	0	1219.74

Omicidi	477	7.55	11.05	0.2	62.4

3. Strategia empirica

Questo studio adotta il modello di gravità per l'analisi empirica dei turisti coreani in partenza. Il modello di gravità nasce dagli studi sul commercio internazionale ed è stato adottato anche in altri campi di interesse;

Le equazioni di gravità sono state adottate per spiegare i modelli di investimento di portafoglio transfrontaliero (Portes e Rey 2005), la finanza internazionale (Okawa e van Wincoop 2012), la delocalizzazione dei servizi (Head et al. 2009) e gli investimenti diretti esteri (Head e Ries 2008; de Sousa e Lochard 2011).

Recentemente il modello di gravità è stato utilizzato anche nello studio del turismo internazionale. Johan e Santana-Gallego (2011) hanno analizzato le determinanti del turismo africano utilizzando un'equazione gravitazionale panel standard. Hanno identificato i fattori che guidano il turismo africano in entrata e all'interno dell'Africa e hanno scoperto che le determinanti del turismo africano in entrata e all'interno dell'Africa non sono molto diverse dai flussi turistici globali.

Archibald et al. (2008) hanno utilizzato un modello di gravità per valutare la competitività dei Caraibi. Hanno scoperto che la tendenza a lungo termine degli arrivi turistici può essere influenzata dalla capacità della destinazione e dal livello dei prezzi rispetto al Paese di origine e alle destinazioni concorrenti, nonché dalle fluttuazioni dei tassi di cambio e delle tariffe aeree.

Lo studio più recente e completo sul turismo internazionale utilizzando il modello di gravità è stato condotto da Culiuc (2014). L'autore ha applicato il modello di gravità a un ampio set di dati che comprende l'intero universo dei flussi turistici bilaterali nell'arco di un decennio. I risultati mostrano che il modello di gravità spiega i flussi turistici con la stessa efficacia del commercio di manufatti.

Da quando Tinbergen (1962) lo ha introdotto, il modello di gravità è stato un cavallo di battaglia per l'analisi dei flussi commerciali internazionali. Con la pubblicazione di Eaton e Kortum (2002) e Anderson e van Wincoop (2003), si è valutato che la saggezza convenzionale delle equazioni di gravità prive di microfondazioni è stata definitivamente abbandonata, poiché nessuno dei due modelli si basava sulla concorrenza imperfetta o sui rendimenti crescenti (Head e Mayer 2013).

Quando si adotta l'equazione di gravità per il turismo internazionale, è necessario confrontare le direzioni dei flussi di merci (turisti) e di entrate (entrate turistiche). I beni e le entrate si muovono l'uno contro l'altro nel commercio tradizionale, mentre i turisti si spostano nei Paesi di destinazione e vi spendono le spese.

Adottata per il turismo, l'equazione di gravità ha la seguente forma moltiplicativa:

$$X_{od} = GS_o M_d \phi_{od}$$

dove X_{od} è il flusso turistico da o a d, S_o denota i fattori specifici del Paese di origine, come il PIL, che rappresentano la domanda turistica totale del Paese di origine e M_d rappresenta le condizioni dei fattori del Paese di destinazione. G è una variabile costante che non dipende da o o j. Infine, ϕ_{od} rappresenta la facilità di spostamento dei turisti dal Paese di origine a quello di destinazione.

Tenendo conto della resistenza multilaterale, Anderson e van Wincoop (2003) dimostrano che un'equazione di gravità ben specificata e teoricamente fondata assume la forma:

$$X_{od} = \frac{Y_o Y_d}{Y} \left(\frac{t_{od}}{\Pi_o P_d} \right)^{1-\sigma}$$

dove Y indica il PIL mondiale, Y_o e Y_d i PIL dei Paesi o e d rispettivamente, t_{od} è il costo in o del viaggio verso d, $\sigma > 1$ è l'elasticità di sostituzione e Π_o e P_d rappresentano la facilità di accesso al mercato di origine e di destinazione o i termini di resistenza multilaterale.

La procedura standard per la stima della gravità consiste nel prendere i logaritmi naturali di tutte le variabili e ottenere un'equazione log-liner. Si ottiene così la seguente equazione di stima:

$$lnX_{od} = lnG + lnS_o + lnM_d + ln\phi_{od}$$

e più specificamente nel caso del modello di Anderson e van Wincoop:

$$lnX_{od} = \beta_0 + \beta_1 lnY_o + \beta_2 lnY_d + (1-\sigma)(\beta_3 lnt_{od} + \beta_4 ln\Pi_o + \beta_5 lnP_d) + \varepsilon_{od}$$

dove β_0 è una costante e ε è il termine di errore.

Per l'analisi del turismo outbound coreano, adottando e modificando l'equazione di cui sopra si stima il seguente modello:

$$lnX_{odt} = \beta_0 + \beta_1 lnGDP_{ot} + \beta_2 lnGDP_{dt} + \beta_3 lnDist_{od} + \beta_4 lnExport_{odt} + \beta_5 Price_{odt} +$$
$$\beta_6 Airline_{odt} + \gamma_d + \delta_t + \varepsilon_{odt}$$

dove o indica il paese di origine (Corea), d il paese di destinazione e t è il tempo; ln denota i logaritmi naturali; x_{odt} è il flusso di turisti coreani in uscita nel periodo t; GDP_{ot} e GDP_{dt} sono i PIL rispettivamente della Corea e dei paesi di destinazione; $Dist_{od}$ è la distanza tra la Corea e i paesi di destinazione; $Export_{odt}$ è l'esportazione coreana verso i paesi di destinazione; $Price_{odt}$ è il prezzo relativo al consumo del paese di destinazione rispetto a quello della Corea aggiustato con i rispettivi tassi di cambio; $Airline_{odt}$ è una variabile dummy che denota la presenza di voli diretti dalla Corea al paese di destinazione; γ_d e δ_t sono rispettivamente effetti fissi della destinazione e dell'anno ed ε_{odt} è un termine di disturbo.

Il Pooled Ordinary Least Squares (OLS) è uno stimatore comunemente utilizzato per le equazioni di gravità dei dati panel. Tuttavia, l'OLS può fornire stime inconsistenti e inefficienti se esiste un'eterogeneità non osservata. In questo caso, lo stimatore a effetti fissi (FE) fornisce stime migliori, ma FE non consente di stimare variabili variabili nel tempo. Un modo per superare questo problema è quello di introdurre effetti fissi paese per i paesi di origine e di destinazione (Kandogan 2008; Head e Mayer 2013).

Oltre all'OLS, questo studio applica anche lo stimatore GMM di Arellano-Bond per gestire la dinamica dei dati panel. L'analisi dinamica dei dati panel può affrontare i problemi derivanti dalle variabili endogene, come le caratteristiche del Paese variabili nel tempo e correlate alle variabili esplicative, e i dati panel con una dimensione temporale breve e una dimensione del Paese più ampia (Roodman 2006).

Lo stimatore GMM del sistema Arellano-Bond ammette l'endogeneità di alcune variabili esplicative. Questo studio considera endogene le seguenti variabili: la variabile dipendente ritardata, i PIL dei Paesi di origine e di destinazione, le esportazioni coreane verso i Paesi di destinazione. I regressori endogeni ritardati sono utilizzati come strumenti e l'apertura (volume degli scambi rispetto al PIL) dei Paesi di destinazione è utilizzata separatamente come variabile strumento aggiuntiva.

4. Risultati della stima

4.1. Risultati di base

I risultati delle stime OLS, degli effetti fissi e del sistema GMM di Arellano-Bond sono riportati nella Tabella 2. L'OLS (1) non include gli effetti fissi delle dummies di destinazione e dell'anno, mentre l'OLS (2) li include tutti. L'R aggiustato^2 mostra che OLS (2) è uno stimatore molto migliore di OLS (1). I coefficienti di OLS (2) e FE sono identici, mentre gli errori standard sono leggermente diversi tra loro.

I risultati indicano che gli arrivi di turisti in ritardo rispetto agli anni precedenti, il PIL del Paese di origine, la distanza, le esportazioni del Paese di origine verso i Paesi di destinazione, le differenze di prezzo e la presenza di voli diretti sono tutti fattori determinanti significativi per il turismo outbound coreano. Mentre il PIL del Paese d'origine mostra importanza, il PIL del Paese di destinazione non mostra alcuna significatività statistica, suggerendo che il reddito del viaggiatore o l'accessibilità al viaggio sono più importanti delle condizioni di sviluppo dei Paesi di destinazione.

La distanza come proxy del costo del viaggio e della vicinanza culturale mostra un segno negativo e una significatività statistica come previsto. Esiste una stretta relazione tra distanza e tariffa aerea (McKercher, et al. 2008). I principali fattori di costo per i viaggi aerei a lunga distanza sono il carburante e il personale di bordo e, poiché questi costi operativi aumentano con la lunghezza del volo, dovrebbe esserci una forte relazione tra distanza e tariffa aerea (Tveteras e Roll 2011).

Dal punto di vista dei turisti, possono esistere fattori di spinta e di attrazione nei viaggi a lunga e breve distanza. Alcuni viaggiatori vorrebbero volare più lontano per sperimentare culture e natura straniere esotiche (fattore di spinta), mentre altri non vogliono sprecare il loro tempo prezioso e le loro energie per un viaggio così lungo (fattore di attrazione). Alla fine, dopo essersi bilanciate, le forze di gravità sono abbastanza forti nel caso del turismo outbound coreano. La variabile distanza rappresenta anche la vicinanza culturale. I Paesi più vicini tendono ad avere più denominatori culturali comuni rispetto ai Paesi più lontani (McKercher, et al. 2008).

La variabile delle esportazioni coreane è una proxy dell'attività economica bilaterale e quindi un controllo del turismo d'affari (Culiuc 2014). I risultati delle regressioni mostrano che l'export coreano verso i Paesi di destinazione entra con il segno positivo atteso ed è altamente significativo.

La presenza di voli diretti può ridurre gli effetti negativi della distanza sugli arrivi turistici. Tveteras e Roll (2011) hanno verificato se un aumento del livello di connettività aerea internazionale, rappresentato da un maggior numero di voli a lungo raggio tra i Paesi di origine e di destinazione, abbia un impatto positivo sul numero di arrivi turistici. La loro analisi empirica sul caso del Perù rivela che un aumento del numero di partenze di voli internazionali verso il Perù ha un marcato effetto positivo sugli arrivi turistici. Nel caso del turismo outbound coreano, la presenza di voli diretti mostra chiaramente un segno positivo e una significatività statistica.

Tabella 2. Variabile dipendente: log tourist (OLS, FE), tourist(GMM)

Variabile	OLS		FE	SYS-GMM
	(1)	(2)		
Turista-1				0.6370*** (0.6570)
Turista-2				0.1517** (0.0657)
Ln $_{PILot}$	0.5482 (0.4813)	1.1611*** (0.4464)		0.2026*** (0.0460)
Ln $_{PILdt}$	-0.0005 (0.0446)	0.0377 (0.2586)	0.0377 (0.4903)	0.0025 (0.0069)
Distanza Ln$_{od}$	-0.7097*** (0.0961)	-1.2056* (0.7060)		-24.0727*** (6.6006)
Ln $_{Esportazione}$	0.5647*** (0.0489)	0.3244*** (0.1061)	0.3244* (0.1827)	6.5626*** (1.5128)

64

	-0.0003**	-0.0011***	-0.0011***	-24.6431
Prezzo	(0.0001)	(0.0002)	(0.0003)	(41.2577)
Compagnia aerea$_{odt}$	1.8914***	0.1607**	0.1607*	
	(0.1655)	(0.0776)	(0.9615)	
Costanti	4.2701	2.9021	7.9341*	
	(6.8785)	(5.4693)	(4.4022)	
Effetti fissi di destinazione	No	Sì	No	No
Effetti fissi dell'anno	No	Sì	Sì	Sì
Osservazioni	380	380	380	281
R rettificato^2	0.7998	0.9872	0.5331	
AR(1)(p-value)				0.000
AR(2)(p-value)				0.106
Numero di strumenti				62

****** indicano la significatività statistica rispettivamente ai livelli del 90, 95 e 99%.

4.2. Differenziazione della destinazione

Dei 53 Paesi di destinazione del campione, 16 sono Paesi membri dell'OCSE e 37 sono gli altri Paesi. Poiché le condizioni di sviluppo, misurate in termini di PIL o di infrastrutture, dei due gruppi sono diverse, questo studio cerca di misurare se vi siano differenze significative nelle determinanti del turismo tra i due gruppi di destinazione.

Il PIL del Paese di origine, la Corea, mostra segni positivi e significatività statistica in entrambi i gruppi. Il PIL del Paese di destinazione mostra segni negativi in entrambi i gruppi e solo il gruppo OCSE mostra una significatività statistica. Le variabili distanza e presenza di voli diretti sono fattori rilevanti in entrambi i gruppi, come previsto.

Le differenze derivano dalle esportazioni coreane e dalle variabili di prezzo. Mentre l'analisi dell'esportazione coreana nel gruppo OCSE non mostra risultati significativi, è un fattore importante nell'altro gruppo di destinazione. Inoltre, il fattore prezzo non mostra una significatività statistica nel caso dei viaggi verso i Paesi OCSE, ma indica una forte importanza nel caso dell'altro gruppo di destinazione.

I risultati possono essere interpretati in diversi modi. In primo luogo, la percentuale di viaggi d'affari è più rilevante per il secondo gruppo rispetto al gruppo OCSE. La seconda implicazione è che i turisti coreani sono più elastici al prezzo quando viaggiano verso i Paesi meno sviluppati rispetto a quelli ricchi.

Tabella 3. Variabile dipendente: log turistico

Variabile	OCSE		ETC	
	OLS	FE	OLS	FE
Ln $_{PILot}$	0.7689*** (0.2927)		2.3115*** (0.7725)	
Ln $_{PILdt}$	-0.5125**	-0.5125	-0.3195	-0.3195
	(0.2496)	(0.3700)	(0.3482)	(0.6610)
Distanza Ln$_{od}$	-1.2636***		-1.5582** (0.6316)	
	(0.2587)			
Ln $_{Esportazione}$	0.1297	0.1297	0.3541***	0.3541*
	(0.1065)	(0.1583)	(0.1163)	(0.1940)
P c^{rie} $_{odt}$	-0.0003	-0.0003	-0.0018***	-0.0018***
	(0.0002)	(0.0003)	(0.0004)	(0.0006)
Airiineodt	0.2720***	0.2720**	0.2686**	0.2686**
	(0.0880)	(0.1247)	(0.1149)	(0.1150)
Costanti	19.1573***	17.2678	-6.7451	10.8102*
	(3.9056)	(4.3543)	(5.6113)	(5.7889)
Effetti fissi di destinazione	Sì	No	Sì	No
Effetti fissi dell'anno	Sì	Sì	Sì	Sì
Osservazioni	120	120	260	260
R rettificato^2	0.9879	0.3974	0.9880	0.3639

****** indicano la significatività statistica rispettivamente ai livelli del 90, 95 e 99%.

4.3. Fattore di distanza

Con l'aumento del numero di collegamenti aerei a lungo raggio nel mondo, sembra naturale supporre che il mondo stia diventando più piatto e più stretto. La distanza come fattore di inibizione degli spostamenti dei turisti dovrebbe diventare meno importante nel corso degli anni. Tuttavia, la variabile distanza non implica solo i costi di viaggio, ma anche molti altri fattori. La distanza può essere correlata alla distanza culturale, misurata in base alla lingua condivisa, alla storia, al cibo, alla musica, ai programmi televisivi, alle abitudini, ecc. Viaggiare in luoghi in cui le differenze culturali sono ampie può causare stress ad alcuni viaggiatori.

La Tabella 4 mostra i risultati delle regressioni OLS per due diversi periodi. Il confronto tra l'anno 2004 e l'anno 2012 rivela che la significatività del fattore distanza è divenuta rilevante con il passare degli anni. Il coefficiente della distanza per l'anno 2012 è pari a - 0,9323, molto più alto di quello dell'anno 2004.

Le regressioni trasversali possono produrre stime distorte e incoerenti perché non tengono conto dell'endogeneità dei regressori. Poiché i dati panel sono più affidabili rispetto ai dati cross-section di un singolo anno, questo studio ha confrontato anche periodi di tre anni tra il 2004-2006 e il 2010-2012.

L'esperimento pluriennale produce risultati quasi identici. Il risultato dell'anno 2010-2012 mostra una maggiore significatività statistica per la variabile distanza rispetto al risultato dell'anno 2004-2006. Anche il valore del coefficiente della variabile distanza nel 2010-2012 è molto più grande di quello del 2004-2006.

Tabella 4. Variabile dipendente: log turistico

Variabile	Anno singolo (OLS)		Pluriennale (OLS)	
	2004	2012	2004-2006	2010-2012
Ln $_{PILot}$			0.8615 (1.2628)	0.9884 (1.7125)
Ln $_{PILdt}$	0.1835 (0.2627)	-0.0320 (0.0966)	0.0992 (0.1080)	-0.0355 (0.0525)
Distanza Ln$_{od}$	-0.1664 (0.3807)	-0.9323*** (0.2602)	-0.3406* (0.1792)	-0.9353*** (0.1487)
Ln $_{Esportazione}$	0.6237** (0.2712)	0.5013*** (0.0924)	0.5871*** (0.1109)	0.5267 (0.0595)

	-0.0012	7.3900	-0.0010**	0.0000
P C^{rie} odt	(0.0008)	(0.0002)	(0.0004)	(0.0001)
△ irli r" Π .	2.3939***	1.7992***	2.3002***	1.5826***
Airiineodt	(0.8107)	(0.3478)	(0.3369)	(0.2020)
Costanti	4.6393	14.5688	-4.3679	0.7332
	(4.2342)	(2.3941)	(17.5188)	(24.0939)
Osservazioni	31	49	109	142
R rettificato^2	0.7877	0.8799	0.7994	0.8457

*,**,*** indicano rispettivamente la significatività statistica ai livelli del 90, 95 e 99%.

I risultati di cui sopra implicano che, in una certa misura, anche se l'estensione dei voli diretti a lungo raggio attenua i costi di viaggio per le lunghe distanze, la distanza come fattore di inibizione del viaggio rimane ancora forte nel corso degli anni. Per quanto riguarda la presenza di voli diretti, occorre considerare anche i collegamenti intensivi (numero di città) ed estensivi (numero di Paesi). Il numero di Paesi stranieri collegati alla Corea con voli diretti nel 2012 è di 50 e tra questi i Paesi asiatici sono 15 (30%). Per quanto riguarda il numero di città straniere collegate direttamente con la Corea nello stesso anno, 80 città (52%) delle 153 totali si trovano in Asia. I dati sopra riportati suggeriscono che la vicinanza geografica e culturale può rendere più numerosi i collegamenti aerei tra i Paesi vicini rispetto a quelli lontani, intensificando i viaggi verso i Paesi vicini.

4.4. Problemi di selezione dei dati

Gli studi più recenti sul commercio internazionale prendono in seria considerazione i dati relativi al commercio nullo, perché senza un trattamento appropriato di questo aspetto potrebbe verificarsi un bias di selezione del campione. Considerando l'eterogeneità delle imprese, Helpman et al. (2008) hanno sviluppato un modello di commercio internazionale che produce un'equazione di gravità con una correzione di Heckman (Heckman 1979).

Questa sezione sperimenta la stessa applicazione del modello di selezione campionaria di Heckman per il turismo outbound coreano. Per applicare il modello di Heckman, dobbiamo considerare un'equazione di risultato e un'equazione di selezione. L'equazione di risultato assume la forma del modello di gravità standard, ma si applica solo alle osservazioni all'interno del campione di stima:

$$lnX_{od} = \beta_0 + \beta_1 lnY_o + \beta_2 lnY_d + (1- \sigma)(\beta_3 lnt_{od} + \beta_4 ln\Pi_o + \beta_5 lnP_d) + \varepsilon_{od} \quad if \quad p_{od} > 0$$

$$lnX_{od} = missing \quad if \quad p_{od} \leq 0$$

La variabile $_{pod}$ è una variabile latente che può essere interpretata come la probabilità che un particolare livello di dati sia incluso nel campione di stima. L'equazione di selezione mette in relazione la variabile latente con un insieme di variabili esplicative osservate. Helpman et al. (2008) hanno incluso la variabile della regolamentazione nell'equazione di selezione, ipotizzando che essa influisca sulla probabilità di un impegno commerciale tra due Paesi.

Utilizzando come variabili aggiuntive la variabile degli omicidi intenzionali derivata dai World Development Indicators e l'apertura (volume del commercio rispetto al PIL) dei Paesi di destinazione, l'equazione di selezione assume la forma seguente, dove $_{pod}$ è una probabilità latente di selezione e $_{dod}$ è una variabile dummy osservata pari a unità per le osservazioni che sono nel campione e a zero per quelle che non lo sono.

$$p_{od} = \beta_0 + \beta_1 lnY_o + \beta_2 lnY_d + (1- \sigma)(\beta_3 lnt_{od} + \beta_4 ln\Pi_o + \beta_5 lnP_d) + \beta_6 homicide_d + \beta_7 open_d + \varepsilon_{od}$$

$$d_{od} = 1 \quad if \quad p_{od} > 0$$

$$d_{od} = 0 \quad if \quad p_{od} \leq 0$$

La tabella 5 confronta i risultati delle stime OLS e Heckman a due fasi. I risultati dell'equazione di esito di Heckman sono sorprendentemente simili a quelli dell'OLS; ad eccezione del PIL dei Paesi di destinazione, tutte le variabili mostrano i segni giusti e la significatività statistica. Tuttavia, i risultati complessivi dovrebbero essere considerati con scetticismo perché tutte le variabili dell'equazione di selezione non mostrano significatività statistica.

Tabella 5. Variabile dipendente: log tourist

Variabile	OLS	Heckman

		Risultato	Selezione
Ln $_{PILot}$	1.1611*** (0.4464)	1.1529*** (0.2450)	63.1737 (294.2630)
Ln $_{PILdt}$	0.0377 (0.2586)	0.03912 (0.1332)	-2.7364 (4.4497)
Distanza Ln$_{od}$	-1.2056* (0.7060)	-1.2002*** (0.4683)	-8.7793 (483.8857)
Ln $_{Esportazione}$	0.3244*** (0.1061)	0.3243*** (0.0554)	0.9432 (0.9443)
Prezzo	-0.0011*** (0.0002)	-0.0011*** (0.0002)	0.0127 (0.0078)
Compagnia aerea$_{odt}$	0.1607** (0.0776)	0.1609* (0.0881)	-2.9505 (531.5245)
Omicidio$_{dt}$			0.06041 (0.1429)
Aprire			-4.5453 (3.4372)
Costanti	2.9021 (5.4693)	2.9553 (3.4027)	-752.1639
Effetti fissi di destinazione	Sì	Sì	
Effetti fissi dell'anno	Sì	Sì	
Osservazioni	380	458	
R rettificato^2	0.9872		
Mulini lamda		-0.1710 (0.3915)	
Rho		-0.5710	
Sigma		0.2995	

*,**,*** indicano rispettivamente la significatività statistica ai livelli del 90, 95 e 99%.

Una possibile spiegazione di questo scarso risultato è che i dati sul turismo non sono adatti alla stima di Heckman. Quando le autorità turistiche dei Paesi di destinazione raccolgono e annunciano le informazioni sugli arrivi dei turisti, di solito lo fanno solo per i Paesi con un numero considerevole di turisti. Pertanto, la condizione dei dati del commercio internazionale e del turismo è diversa.

5. Conclusioni

Il documento utilizza il modello di gravità per analizzare le determinanti del turismo outbound coreano applicando i dati di 53 Paesi di destinazione nei periodi 20042012. Il modello di gravità spiega i flussi turistici con la stessa efficacia con cui spiega i flussi commerciali. La metodologia utilizzata comprende OLS, effetti fissi, sistema Arellano-Bond GMM e lo stimatore a due fasi di Heckman.

I risultati mostrano che mentre il PIL del Paese di origine (Corea) è importante per i flussi turistici, i PIL dei Paesi di destinazione non hanno importanza statistica. I turisti coreani sono sensibili alle differenze di prezzo tra la Corea e i Paesi di destinazione e la presenza di voli diretti contribuisce al turismo d'oltremare. La distanza è ancora un fattore deterrente per il turismo, proprio come nel caso del commercio.

Se si dividono i Paesi di destinazione in due gruppi, OCSE e altri, i turisti coreani sono meno sensibili al prezzo dei viaggi nei Paesi OCSE rispetto agli altri Paesi. Inoltre, l'esportazione coreana verso i Paesi di destinazione, la variabile proxy del viaggio d'affari, non mostra alcuna significatività statistica per i Paesi OCSE, mentre mostra una forte importanza per gli altri Paesi.

Le osservazioni di cui sopra implicano che, in generale, i coreani che si recano nei Paesi più ricchi sono quelli che viaggiano più per piacere e sono disposti a sostenere costi di viaggio elevati rispetto a quelli che si recano nei Paesi meno sviluppati. D'altra parte, coloro che viaggiano nei Paesi meno sviluppati sono più sensibili ai prezzi e hanno una percentuale più alta di viaggi d'affari rispetto a coloro che viaggiano nei Paesi ricchi.

L'effetto della distanza sul turismo outbound coreano è stato confrontato per due periodi: un singolo anno tra il 2004 e il 2012 e un confronto pluriennale tra il 2004-2006 e il 2010-2012. I risultati mostrano che l'importanza del fattore distanza nel turismo d'oltremare coreano non è mai scomparsa, ma è aumentata nel corso degli anni. Il risultato implica che i turisti coreani viaggiano verso Paesi di destinazione più vicini geograficamente e culturalmente, come Cina, Giappone e Paesi del Sud-Est asiatico, rispetto ad altre parti remote del mondo.

Infine, nell'ultima sottosezione è stata affrontata la questione della selezione dei dati. Proprio come nel caso del commercio internazionale, lo studio sul turismo internazionale può avere risultati di stima distorti a causa delle informazioni sui turisti nulli. Poiché i Paesi di destinazione raccolgono e riportano solo le informazioni sugli arrivi di un numero considerevole di turisti, è difficile definire il set di dati se la parte vuota è zero o meno.

La ricerca futura potrebbe ampliare il caso di studio confrontando la domanda turistica tra diversi Paesi. Inoltre, ulteriori ricerche potrebbero ampliare l'analisi per coprire altri fattori che influenzano il turismo internazionale, come le infrastrutture turistiche, i requisiti per i visti e le attrazioni culturali.

Appendice: Elenco dei paesi utilizzati nell'analisi

Giappone	India	Slovacchia
Cina	Laos	Austria
Hong Kong	Bhutan	Finlandia
Thailandia	Giordania	Canada
Turchia	Yemen	Stati Uniti
Macao	Seychelles	Giamaica
Vietnam	Mauritius	Guatemala
Nepal	Swaziland	Cile
Sri Lanka	Sudafrica	Costa Rica
Cipro	Uganda	Brasile
Israele	Sierra Leone	Ecuador
Maldive	Germania	Panama
Malesia	Regno Unito	Perù

Filippine	Russia	Messico
Indonesia	Macedonia	Nuova Zelanda
Cambogia	Svezia	Australia
Mongolia	Slovenia	Figi
Singapore	Georgia	

V. Sintesi, conclusioni e implicazioni politiche

1. Conclusioni dello studio

I prodotti culturali come le serie TV, i film, l'animazione e la musica hanno esercitato un'immensa influenza sulle preferenze e sui gusti delle persone. Nell'era dei servizi di social network (SNS) e degli smartphone, l'accesso ai prodotti culturali diventa più facile e, di conseguenza, la loro influenza sulle varie forme di vita si fa sempre più forte. Mentre in passato le fiction televisive potevano essere guardate solo attraverso i televisori, al giorno d'oggi possono essere facilmente guardate da IP TV, monitor di computer o dispositivi mobili collegati a siti web che forniscono servizi di streaming istantaneo. Questa tesi ha adottato un quadro teorico gravitazionale per cogliere le interazioni dinamiche dello sviluppo economico e delle influenze culturali derivanti dal commercio internazionale. I risultati principali sono riassunti come segue;

L'improvvisa ascesa dell'ondata coreana è derivata principalmente dalle interazioni dinamiche tra vicinanza culturale e sofisticazione del prodotto. Secondo questo modello, i Paesi geograficamente vicini tendono a condividere patrimoni e caratteristiche culturali comuni e quindi hanno barriere mentali relativamente basse nei confronti dei prodotti culturali dell'altro.

Un altro fattore che influenza il commercio di beni culturali è la sofisticazione o l'attrattiva del prodotto. Poiché è estremamente difficile misurare tali qualità di prodotto con dati quantitativi, questo studio ha invece utilizzato le dimensioni economiche come variabile proxy. La logica alla base della scelta della variabile proxy è che quando l'economia di un Paese diventa più grande e la società diventa benestante, anche la domanda di prodotti da parte dei consumatori nazionali diventa più elevata. Per soddisfare le aspettative dei consumatori, i prodotti devono diventare più attraenti e competitivi.

Il primo articolo suggeriva che, poiché la Corea è regionalmente vicina a Paesi come la Cina, il Giappone, Hong Kong, Taiwan e i Paesi del Sud-Est asiatico, è relativamente più facile per i prodotti culturali coreani attraversare questi confini che attraversare i confini di Paesi lontani, una volta che i suoi prodotti diventano altamente sofisticati e competitivi.

Il secondo articolo ha studiato l'effetto di diffusione commerciale dell'ondata coreana nell'industria cosmetica. Le caratteristiche distintive dello studio sono due.

In primo luogo, il documento utilizza l'indice delle query di Google Trends con la parola chiave "dramma coreano" per misurare il grado di esposizione o di interesse di ciascun Paese nei confronti dei beni culturali coreani. Un vantaggio di questo approccio è che supera il vincolo dei dati relativi all'esportazione culturale coreana solo in alcuni Paesi ed espande la portata a tutti i Paesi in cui sono disponibili i dati di Google Trends.

In secondo luogo, il documento analizza i possibili effetti dell'ondata coreana sulle esportazioni di cosmetici, che potrebbero variare a seconda dei diversi gruppi commerciali, dividendo i Paesi importatori in due gruppi: 74 Paesi del mondo e Paesi membri dell'ASEAN. I risultati suggeriscono che l'ondata coreana porta all'esportazione di cosmetici verso i Paesi ASEAN, culturalmente vicini, ma mostra una debole relazione con l'esportazione di cosmetici a livello mondiale.

Il terzo articolo esamina le determinanti dei turisti coreani che si recano all'estero. L'articolo analizza i dati panel dei turisti coreani in partenza della Korea Tourism Organization che includono 53 Paesi di destinazione dal 2004 al 2012. I risultati principali sono i seguenti: in primo luogo, i turisti coreani sono meno sensibili ai prezzi dei viaggi nei Paesi OCSE che in altri Paesi; in secondo luogo, l'importanza del fattore distanza nel turismo coreano all'estero non è mai scomparsa, ma è aumentata costantemente. Il secondo dato è particolarmente significativo dal punto di vista del commercio culturale. La distanza come fattore proxy del legame culturale può essere applicata anche al turismo e il risultato dello studio suggerisce che i turisti coreani visitano più spesso i Paesi vicini culturalmente rispetto a quelli più lontani.

2. Limiti dello studio e programmi futuri

Le caratteristiche più evidenti di questo lavoro sono gli argomenti di studio e le selezioni di dati autentici e creativi. Tuttavia, ci sono ancora alcune aree da migliorare e ampliare, come quelle che seguono.

In primo luogo, lo studio si è concentrato solo sulle esportazioni coreane di beni culturali e sul turismo outbound coreano. Studi futuri potrebbero esaminare i casi di altri Paesi.

In secondo luogo, per superare la limitazione dei dati e ampliare le aree di studio, gli studi futuri possono adottare metodi innovativi di data mining come i "Big data" e le interviste a popolazioni campione correlate.

In terzo luogo, mentre il secondo lavoro si è occupato solo dell'industria cosmetica, gli studi futuri possono estendersi ad altri settori come quello alimentare, dell'abbigliamento, degli accessori e degli utensili da cucina. Inoltre, gli studi futuri potranno confrontare gli effetti di diffusione commerciale del commercio culturale di prodotti parzialmente sostituiti con altri prodotti.

3. Implicazioni politiche

Sulla base delle analisi svolte finora nella tesi, si possono suggerire diverse politiche nei confronti delle seguenti parti interessate: il governo coreano, le industrie coreane e i governi stranieri.

3.1 Il governo coreano

Dopo la nascita dell'ondata coreana, il governo si è reso conto dei potenziali benefici economici che il fenomeno può apportare e ha iniziato a cercare attivamente dei modi per trarne vantaggio. Tuttavia, il ruolo del governo dovrebbe concentrarsi piuttosto sul fornire e coltivare l'ambiente in cui le idee creative e le arti possono fiorire. Da un lato, il governo dovrebbe coltivare le condizioni del libero mercato in cui i prodotti culturali di alta qualità possono essere continuamente realizzati grazie a competizioni eque. D'altro canto, il governo dovrebbe anche fornire assistenza ad alcuni progetti sperimentali ad alto potenziale, ai quali le agenzie private sono riluttanti a partecipare a causa degli alti rischi o delle incertezze che comportano.

Il governo dovrebbe anche riconoscere le insidie dell'imperialismo culturale e le reazioni negative dei Paesi vicini, come Cina e Giappone. Ad esempio, l'enorme successo del dramma televisivo "Jewel in the Palace" nel 2015 ha talmente allarmato il governo cinese che in seguito i principali canali televisivi cinesi hanno praticamente smesso di trasmettere drammi coreani.

Per alleviare il timore di una dominazione culturale coreana nei Paesi vicini, il governo può facilitare la cooperazione reciproca come la coproduzione di beni culturali. In realtà, il settore privato ha già iniziato a muoversi in questa direzione. Ad esempio, un gruppo canoro femminile di successo, Miss A, e un famoso gruppo canoro maschile, EXO, sono stati creati con cantanti cinesi come membri. Anche un popolare gruppo canoro maschile, i 2MP, ha tra i suoi membri un cantante tailandese-americano, Nichkhun Buck Horvejkul. Anche le produzioni di fiction televisive e film hanno visto un numero crescente di coproduzioni con altri Paesi asiatici e di investimenti da parte di questi ultimi.

Poiché i turisti visitano spesso Paesi geograficamente e culturalmente vicini, il governo dovrebbe individuare e sviluppare i punti di forza differenzianti che presentano vantaggi comparativi rispetto ai Paesi concorrenti vicini. Ad esempio, dopo la rapida crescita del reddito disponibile dei cinesi, anche il numero di turisti cinesi che visitano i Paesi vicini è cresciuto in modo esponenziale, ma non uniforme. Per garantire un flusso sostenibile di un numero così elevato di turisti in arrivo, i governi centrali e locali possono promuovere siti turistici culturalmente e storicamente interconnessi con un tema specifico. La Corea ha già beneficiato di un gran numero di turisti asiatici che hanno visitato le location di famosi drammi televisivi come "Winter Sonata", "The 1st Shop of Coffee Prince", "Secret Garden" e "My Love from the Star".

3.2 Industrie coreane

Le industrie culturali coreane si sono evolute finora grazie a un'accorta assistenza governativa e a un elevato livello di concorrenza interna. Per trarre vantaggio dall'ondata coreana e sviluppare ulteriormente l'industria culturale, si suggeriscono i seguenti suggerimenti.

In primo luogo, l'industria nel suo complesso dovrebbe riflettere su quali siano i fattori di successo dei suoi prodotti all'estero e sforzarsi di migliorare la qualità dei suoi prodotti invece di replicare la stessa linea di concetti e trame. L'ascesa e il declino dell'industria cinematografica di Hong Kong dovrebbero essere una buona lezione. The Guardian (2011) descrive che l'industria cinematografica di Hong Kong ha prodotto 238 film nel 1993, ma sei anni dopo la produzione è crollata a soli 40 film all'anno. Uno dei motivi per cui l'industria cinematografica di Hong Kong ha subito un declino così repentino è che, con l'arrivo di maggiori investimenti per i film, la quantità delle produzioni è aumentata e la qualità è diminuita. I temi dei film e i personaggi hanno cominciato a ripetersi e il pubblico ha perso fiducia nei film di Hong Kong.

In secondo luogo, con lo sviluppo di nuovi media per la distribuzione di drammi, film e animazioni, l'industria dovrebbe trovare nuovi modi per cooperare con i vari canali di distribuzione. Ad esempio, poiché la Cina regolamenta l'importazione di drammi stranieri e ne limita la trasmissione nei canali televisivi di prima serata, la maggior parte dei drammi coreani viene venduta e vista dai siti Internet cinesi.

In terzo luogo, per quanto riguarda l'industria cosmetica coreana e altre industrie di beni di consumo, l'ascesa dell'onda coreana rappresenta un'opportunità d'oro per avventurarsi nel mercato globale. Devono sviluppare strategie per trarre vantaggio dall'immagine rafforzata del marchio coreano. Naturalmente, anche la qualità dei loro prodotti deve soddisfare gli elevati standard attesi dai consumatori stranieri. La combinazione dell'immagine del marchio coreano con la qualità dei prodotti rafforzerà la fiducia dei consumatori stranieri nei confronti dei prodotti "made in Corea".

3.3 Governi e industrie straniere

L'onda coreana in Asia è un fenomeno che deriva dai legami culturali tra i Paesi asiatici e dalle qualità competitive dei prodotti. Anche i Paesi stranieri possono trarre insegnamenti e metterli in pratica per sviluppare le loro industrie culturali nazionali, che possono essere competitive anche all'estero. Per raggiungere questo obiettivo, si suggeriscono le seguenti politiche.

In primo luogo, proprio come il precedente suggerimento per il governo coreano, l'intervento governativo nelle industrie dovrebbe essere limitato. Il mercato conosce, per prove ed errori, le migliori combinazioni di contesto locale e temi universali che possono attrarre il pubblico internazionale. Troppa censura e regolamenti governativi soffocano gli spiriti artistici e creativi che sono parte essenziale dell'industria culturale.

In secondo luogo, per apprendere il know-how delle competenze e delle tecniche di produzione avanzate, si suggerisce la cooperazione sotto forma di produzioni e investimenti in industrie culturali straniere.

In terzo luogo, occorre limitare un approccio troppo nazionalistico. Da un lato, rifiutare ciecamente le influenze culturali straniere rende la società e il suo popolo stagnanti. Dall'altro, produrre contenuti culturali che vantano un estremo orgoglio nazionale a scapito di quello dei Paesi vicini non può che provocare ritorni di fiamma e risentimento.

Infine, si può prendere come riferimento il caso di successo della strategia coreana di promozione turistica che utilizza l'onda coreana. Una volta che i contenuti culturali sotto forma di drammi televisivi o film sono stati esportati e apprezzati all'estero, le autorità turistiche possono sviluppare siti turistici basati sui contenuti culturali per attirare i turisti in arrivo.

VI. Riferimenti

Alexander, Julie (2011). "I prodotti di bellezza nella cultura di mercato asiatica", BADM 395 Consumer Behavior, Shepherd University.

Andersen, J.E. e E. van Wincoop (2003). "Gravity with Gravitas: a solution to the border puzzle, American Economic Review", 93, 170-92.

Archibald, X., LaCorbiniere, J. e Moore, W. (2008). "Analysis of Tourism Competitiveness in the Caribbean: A Gravity Model Approach", 29° Seminario di revisione annuale, Dipartimento di Ricerca, Banca Centrale di Barbados, Barbados.

Askitas, Nikos e Klaus F. Zimmermann (2009). "Google econometrics and unemployment forecasting", German Council for Social and Economic Data (RatSWD) Research Notes, 41.

Balaguer, J. e M. Cantavella-Jord'a (2002). "Il turismo come fattore di crescita economica di lungo periodo: The Spanish Case", Applied Economics, 34: 877884.

Bala, Venkatesh e Long, Ngo Van (2005). "Commercio internazionale e diversità culturale con selezione delle preferenze", European Journal of Political Economy 21(1), 143-162.

Baldwin, J. E. e Taglioni, D. (2006). "Gravity for Dummies and Dummies for Gravity Equations", NBER Working Paper 12516.

Bangkok Post, "Gangnam vs Kamnan, Apple vs Samsung", 1 settembre 2012.

Blum e Goldfarb (2008). "Internet sfida la legge di gravità?", Journal of International Economics, 70(2), 384-405.

Boisso, Dale e Michael Ferrantino (1997). "Distanza economica, distanza culturale e apertura nel commercio internazionale: enigmi empirici", Journal of Economic Integration, 456-484.

Brida, J.G., Lanzilotta, B., Lionetti, S. e Risso, W.A. (2010). "Nota di ricerca: l'ipotesi di crescita trainata dal turismo per l'Uruguay", Economia del turismo, 16(3), pp. 765-771.

Choe, Jong-il e Soon-Chan Park (2008). "Impatto dell'esportazione di beni culturali sull'esportazione totale di beni: Per le esportazioni coreane verso il Giappone",

Journal of the Korea-Japanese Economics and Management n. 40.

Choi, Hyunyoung e Hal Varian (2012). "Prevedere il presente con le tendenze di Google", Economic Record, 88.s1, 2-9.

Combes, Pierre-Philippe, Miren Lafourcade e Thierry Mayer (2005). "The trade-creating effects of business and social networks: evidence from France", Journal of International Economics, 66.1, 1-29.

Culiuc, Alexander (2014). "Determinanti del turismo internazionale", documento di lavoro del FMI, WP/14/82.

de Sousa, J., Lochard, J. (2011). "La moneta unica influisce sugli investimenti diretti esteri?", The Scandinavian Journal of Economics 113 (3), 553578.

Disdier, Anne-Célia e Keith Head (2008). "La sconcertante persistenza dell'effetto di distanza sul commercio bilaterale", The Review of Economics and statistics, 90.1, 37-48.

Disdier, Anne Celia, Silvio H.T. Tai, Lionel Fontagne e Thierry Mayer (2010). "Bilateral Trade of Cultural Goods", Review of World Economics, Springer, vol. 145, 575-595.

Dritsakis, N. (2004). "Il turismo come fattore di crescita economica di lungo periodo: un'indagine empirica per la Grecia utilizzando un'analisi di causalità", Tourism Economics, 10, 305-316.

Eaton, J., Kortum, S., (2002). "Tecnologia, geografia e commercio", Econometrica 70 (5), 1741-1779.

Eichengreen, Barry e Douglas A. Irwin (1998). "Il ruolo della storia nei flussi commerciali bilaterali", The regionalization of the world economy, University of Chicago Press, 33-62.

Eugenio-MaiTin, J., N. Morales e R. Scarpa (2004). "Turismo e crescita economica nei Paesi dell'America Latina: A Panel Data Approach", Nota de Lavoro 26, 2004, http://ssrn.com/abstract=504482.

Eun Mee Kim e Jiwon Ryoo (2007). "La cultura sudcoreana diventa globale: il K-Pop e l'onda coreana", Korean Social Science Journal XXXIV No. 1, 117-152.

Eysenbach, Gunther (2006). "Infodemiology: tracking flu-related searches on the web for syndromic surveillance", AMIA Annual Symposium Proceedings. Vol. 2006, American Medical Informatics Association.

Fayissa, B., Nsiah, C. e Tadasse, B. (2007). "The Impact of Tourism on Economic Growth and Development in Africa", MTSU Department of Economics and Finance Working Papers, agosto 2007.

Feenstra, R. C. (2004). "Advanced International Trade: Theory and Evidence", Princeton University Press, Princeton, New Jersey.

Fourie, J. Santana-Gallego, M. (2011). "Le determinanti del turismo africano", Economic Research Southern Africa, Working Papers 260.

Fujii, Edwin, Eric Im e James Mak (1992). "L'economia dei voli diretti", Journal of Transport Economics and Policy, maggio: 185-195.

Gabriel J. Felbermayr e Farid Toubal (2010). "Cultural Proximity and Trade", European Economic Review 54(2), 279-293.

Ginsberg, Jeremy, et al (2009). "Detecting influenza epidemics using search engine query data", Nature, 457.7232, 1012-1014.

Grossman, G. M. (1998). "Comment", in Frankel J.A. (ed), The Regionalization of the World Economy, NBER Project Report, The University of Chicago Press.

Grunfeld, L. e Moxnes, A (2003). "La globalizzazione immateriale: Explaining Patterns of International Trade in Services", Documento dell'Istituto norvegese per gli affari internazionali, n. 657.

Gunduz, L. e A. Hatemi-J (2005). "L'ipotesi di crescita trainata dal turismo è valida per la Turchia?", Applied Economics Letters, 12: 499-504.

Head, Keith e Mayer, Thierry (2014). "Equazioni di gravità: Workhorse, Toolkit, and Cookbook" in Helpman, Elhanan, Kenneth Rogoff e Gita Gopinath, eds., Handbook of International Economics, volume 4, 131-195.

Head, K., Mayer, T., Ries, J. (2009). "Quanto è remota la minaccia dell'offshoring?", European Economic Review 53 (4), 429-444.

Head, K., Ries, J. (2008). "Gli IDE come risultato del mercato del controllo societario:

Theory and Evidence", Journal of International Economics 74 (1), 220.

Helpman, Elhanan e Krugman, Paul (1985). "Struttura del mercato e commercio estero", Cambridge, MA: MIT.

Helpman, E., Melitz, M., Rubinstein, Y. (2008). "Stima dei flussi commerciali: Trading Partners and Trading Volumes", Quarterly Journal of Economics 123 (2), 441-487.

Heckman, J. J. (1979). "La selezione del campione come errore di specificazione", Econometrica, vol. 47, n. 1, pagg. 153-161.

Janeba, Eckhard (2004). "Commercio internazionale e identità culturale", National Bureau of Economic Research Working Paper No. 10426 (aprile).

Kang, Chan-Koo (2012). "L'industria cosmetica adotta un restyling ad alta tecnologia", Seri Quarterly, luglio, 99-103.

Kandogan, Y. (2008). "Stime coerenti dei blocchi regionali, effetti del commercio", Review of International Economics 162: 301-314.

Kang, Han-Gyun (2009). "Un effetto economico dei contenuti culturali coreani sulle esportazioni e sugli IDE della Corea nei Paesi del Sud-Est asiatico", Journal of Korea Trade Research n. 34-1.

Katircioglu, S. (2009). "Turismo, commercio e crescita: The Case of Cyprus", Applied Economics, Vol. 41, No. 19-21, pp. 2741-2750.

Kim, Jeong-Gon e Se-Young Ahn (2012). "An empirical study on effects of Korea's cultural exports", Journal of Korea Trade, 16.2, 25-48.

Kimura, F. e Lee, H.-H. (2004). "The Gravity Equation in International Trade in Services", documento presentato alla conferenza dell'European Trade Study Group, 9-11 settembre 2004, Nottingham.

Organizzazione coreana del turismo, "Statistiche sui turisti in uscita dalla Corea: 2014 settembre".

Agenzia per i contenuti creativi della Corea. "Rapporto sulle statistiche dell'industria dei contenuti", recuperato il 5 marzo 2015.

Servizio doganale della Corea. "Statistiche sull'esportazione di cosmetici in Corea", recuperato il 16 aprile 2015.

Istituto per lo sviluppo dell'industria sanitaria della Corea. "Statistiche sull'esportazione di cosmetici in Corea". Recuperato il 15 aprile 2015.

Commissione coreana per le comunicazioni. "Rapporto sull'industria radiotelevisiva: 20012011", consultato il 2 settembre 2013.

Associazione del commercio internazionale della Corea. "Statistiche sulle esportazioni coreane", consultato il 9 marzo 2014.

Ministero degli Affari esteri della Corea. "Rapporto sulla situazione dei connazionali all'estero (2011)", consultato il 7 marzo 214.

Organizzazione del turismo della Corea. "Statistiche turistiche della Corea: 2009-2011", consultato il 20 ottobre 2013.

Leamer, Edward E. e James Levinsohn (1995). "La teoria del commercio internazionale: l'evidenza", Handbook of international economics 3, 1339-1394.

Lejour, A. e de Paiva Verheijden, J.-W. (2004). "Il commercio dei servizi in Canada e nell'Unione Europea: What do they have in common?", Documento di discussione del CPB, n. 42.

Li, Eric PH, et al (2008). "Schiarimento della pelle e bellezza in quattro culture asiatiche", Advances in consumer research, 35, 444-449.

Lim, C. (1999). "A Meta-analysis review of international tourism demand", Journal of Travel Research, 37, 273-84.

Lim, C. (2004). "The major determinants of Korean outbound travel to Australia", Mathematics and Computers in Simulation, 64, 477-485.

McCallum, John (1995). "I confini nazionali contano: Canada-U.S. Regional Trade Patterns", American Economic Review, 85(3), pp. 615-623.

McKercher, B., Chan, A. & Lam, C. (2008). "L'impatto della distanza sui movimenti turistici internazionali", Journal of Travel Research, 47(2), 208-224.

Melitz, Jacques (2008). "Lingua e commercio estero", European Economic Review, 52.4, 667-699.

Michael L. Katz e Carl Shapiro (1985). "Network Externalities, Competition, and Compatibility", The American Economic Review, vol. 75, n. 3, 424-440.

Miroudot, Sébastien, Jehan Sauvage e Ben Shepherd (2013). "Misurare il costo del commercio internazionale dei servizi", World Trade Review, 12.04, 719735.

Mo, Soo-Won (2004). "Volatilità del tasso di cambio e domanda di turismo in uscita: Evidence from Korea", Journal of Tourism Sciences, volume 27.

Numero 4, 147-162 (in coreano)

Naude, W. A. e Saayman, A. (2005). "Determinanti degli arrivi turistici in Africa: un'analisi di regressione su dati panel", Tourism Economics, 11, 365-391.

Obstfeld, Maurice e Kenneth Rogoff (2000), "The Six Major Puzzles in International Macroeconomics: Is There a Common Cause?" in B.S. Bernanke e K. Rogoff, eds. NBER Macroeconomics Annual 2000. Cambridge, MA: MIT Press, 339-390.

Okawa, Y. & Van Wincoop, E. (2010). "Gravità nella finanza internazionale", HKIMR Working Paper No. 07/2010.

Park, Young Seaon (2014). "Il commercio di beni culturali: A Case of the Korean Wave in Asia", Journal of East Asian Economic Integration, 18.1, 83-107.

Portes, Richard e Helene Rey (2005). "The Determinants of Cross-Border Equity Transaction Flows", Journal of International Economics 65: 269-296.

Rauch, James E. e Vitor Trindade (2002). "Reti etniche cinesi nel commercio internazionale", Review of Economics and Statistics, 84.1, 116-130.

Rauch, J. E. (1996). "Commercio e ricerca: Social Capital, Soga Sosha and Spillovers", NBER working paper 5618.

Rauch, J. E. (1999). "Network Versus Markets in International Trade", Journal of International Economics 48, 7-35.

Rauch, J.E. e V. Trindade (2005). "Cravatte ai tropici: A model of international trade and cultural diversity", NBER Working Paper 11890.

Redding, S., Venables, T. (2004). "Geografia economica e disuguaglianza internazionale", Journal of International Economics 62 (1), 53|82.

Roodman D. (2006). "How to do Xtabond2: an introduction to difference and system GMM in stata", Discussion paper, SSRN

Rose, Andrew K (2000). "Una moneta, un mercato: l'effetto delle valute comuni sul commercio", Politica economica 15.30, 08-45.

Santos Silva, J. M. C. e Tenreyro, S. (2006). "The Log of Gravity", Review of Economics and Statistics, 88(4), 641-658.

Santos Silva, J. M. C. e Tenreyro, S. (2011). "Further Simulation Evidence on the Performance of the Poisson Pseudo-maximum likelihood Estimator", Economic Letters, 112, 220-222.

Seo, J. H., Park, S. Y., & Boo, S. (2010). "Interrelazioni tra la domanda turistica coreana in uscita: Analisi della causalità di Granger", Tourism Economics, 16(3), 597-610.

Shepherd, Ben (2013). "Il modello di gravità del commercio internazionale: A user guide", pubblicazione delle Nazioni Unite. Bangkok.

Song, H., & Li, G. (2008). "Modellazione e previsione della domanda turistica - Una rassegna di ricerche recenti", Tourism Management, 29 (2), 203-220.

Soonchan Park, Jong Il Choe (2009). "The Trade Creation Effects of Hallyu", Istituto di ricerca economica della Banca di Corea: Economics Analysis, 15.1.

Steve Suranovic e Robert Winthrop (2005). "Effetti culturali della liberalizzazione del commercio", George Washington University, Mimeo.

Stigler, George J. e Gary S. Becker (1977). "De gustibus non est disputandum", The American economic review, 76-90.

The Guardian, "Back in action: the fall and rise of Hong Kong film", 13 settembre 2011.

Tinbergen, J. (1962). "Dare forma all'economia mondiale: Suggerimenti per una politica economica internazionale", New York: Twentieth Century Fund.

Tveteras, Sigbjorn e H.Roll, Kristin (2011). "Voli a lungo raggio e arrivi turistici", MPRA Paper No. 32157.

Wagner, Don, Keith Head e John Ries (2002). "Immigration and the Trade of Provinces", Scottish Journal of Political Economy 49.5, 507-525.

Wikipedia, 'Economia delle arti e della letteratura', consultato il 27 ottobre 2012, http://en.wikipedia.org/wiki/Economics_of_the_arts_and_literature

Organizzazione mondiale del turismo (UNWTO). 2014. Tourism Highlights 2014. http://dtxtq4w60xqpw.cloudfront.net/sites/all/files/pdf/unwto_highlights14_en_ hr_0.pdf (consultato il 3 novembre 2014).

www.ingramcontent.com/pod-product-compliance
Ingram Content Group UK Ltd.
Pitfield, Milton Keynes, MK11 3LW, UK
UKHW041936131224
452403UK00001B/191

9 786203 610192